杏坛育英

宋扣明◎著

河海大学出版社
HOHAI UNIVERSITY PRESS
·南京·

图书在版编目(CIP)数据

杏坛育英 / 宋扣明著. -- 南京：河海大学出版社，2023.1
ISBN 978-7-5630-7880-6

Ⅰ.①杏… Ⅱ.①宋… Ⅲ.①开放大学－思想政治教育－研究－中国 Ⅳ.①G724.82

中国版本图书馆CIP数据核字(2022)第241081号

书　　名	杏坛育英 XING TAN YU YING
书　　号	ISBN 978-7-5630-7880-6
责任编辑	齐　岩
特约编辑	唐辉萍
特约校对	王春兰
封面设计	徐娟娟
出版发行	河海大学出版社
地　　址	南京市西康路1号(邮编:210098)
电　　话	(025)83737852(总编室) (025)83722833(营销部)
经　　销	江苏省新华发行集团有限公司
排　　版	南京布克文化发展有限公司
印　　刷	广东虎彩云印刷有限公司
开　　本	718毫米×1000毫米　1/16
印　　张	18
字　　数	262千字
版　　次	2023年1月第1版
印　　次	2023年1月第1次印刷
定　　价	79.00元

序

宋扣明同志《桃李春风》一书出版后，又一新作《杏坛育英》将公开出版。实践出真知，奋斗有成果，该同志将自己从事教育管理的实践经验总结出来，与读者朋友们分享，可喜可贺！

梦想从学习开始，事业从实践起步。三年多来，身为射阳开放大学书记和校长、县社区学院院长、江苏省成人教育协会专家委员会专家、农村社区教育专委会秘书长的宋扣明同志，带领全校教职员工，坚持从自身实际出发，千方百计创设条件，为全校师生营造良好的学习环境；坚持教书育人、活动育人、实践育人、以文化人；高效开展"走出去、请进来"等一系列富有地方特色的教育文化活动，努力达到让各类受教育群体个个参与、人人出彩的初衷。作为教育工作者，他边工作、边实践、边研究，为学校的可持续发展打下了坚实基础，连续两年被评为全省"社区教育先进工作者"，2021年12月获评"国家开放大学优秀学生工作者"。

桃李不言，下自成蹊。三年多来，宋扣明同志带头用求实创新的工作态度、一步一个脚印的工作作风，认真塑造一个教育工作者的良好品行。新冠疫情发生以来，他坚持利用双休日和寒暑假开展"家校共育"系列活动，缓解家长的教育焦虑；他注重利用技能传授，鼓励师生员工参加多层次多种类比赛，相继在县、市、省级比赛中取得较好成绩；他科学开展心理健康教育，注重师生心灵塑造，经常开展针对性主题班会活动，教育学生参与劳动，掌握生活技能；他注重校园文化建设，每周都安排第二课堂活动，每月都安排文艺活动，每学期都开展大型演出活动，通过一系列文化活动，不断提升学生的人文素养。

事非经过不知难，成如容易却艰辛。三年多来，射阳开放大学党政一班人始终牢记为党育人、为国育才的初心使命，把立德树人作为根本任务，高度注重人才培养，在各类教育工作中都取得了较好的成绩。开放教育稳扎稳打，以排头兵的担当作为不断向前发展，并逐步走在全省前列；社会教育大力发展，为建设学习型社会积极贡献，连续被评为省社会教育先进集体、第二届

"江苏省社会教育百强单位";中职教育稳步提升,2020级1班被省教育厅、团省委联合表彰为省三创先进班级。2022年5月,射阳开放大学团委被表彰为"盐城市五四红旗团(工)委",学校党总支被评为全市教育系统"先进基层党组织",获评江苏开放大学办学系统2021—2022年度学生思想政治教育工作先进集体。

三年多来,宋扣明同志在开放教育、社会教育、中职教育等方面积累了很多实践经验。他勤于思考,善于总结,努力将实践经验提炼上升至理论,并用于指导更多的管理实践,在业界赢得了良好口碑。《杏坛育英》从理论研究、谈学说教、实践总结、探索创新四个方面收录了宋扣明同志公开发表的论文、工作讲话、实践研究、探索的成果,这是他教育管理工作的真实记录和总结提升。相信该书的出版发行,会给从事开放教育、社会教育、中职教育的同志以启迪,并期望产生较好的教育效益和社会效益,为射阳开放大学的高质量发展作出贡献。

2022.12.18.

于南京月光广场

(马良生:三级研究员 江苏省成人教育协会专家委员会主任 江苏省成人教育协会原常务副会长 原江苏广播电视大学副校长 江苏城市职业学院原副院长)

目 录
CONTENTS

第一章　理论研究

基层开放大学做好思政工作的实践探索 …………………………… 003

精心谋划开好局　全力突破登台阶
　　——努力开创射阳开放大学高质量发展新局面 …………… 007

对标对表找差距　社区教育争一流
　　——射阳开放大学2020年社区教育工作纪实 ……………… 011

更好发挥政府作用　推动"飞地经济"发展
　　——盐城市"飞地经济"新视角、新机遇、新挑战、新路径研究
　　…………………………………………………………………… 016

潜移默化　厚积薄发
　　——射阳开放大学党总支着力提升管理细节力探索
　　…………………………………………………………………… 025

社区教育在乡村治理中的实践与思考
　　——以江苏省盐城市射阳县为例 …………………………… 030

着力提升教学质量　蓄势赋能乡村振兴
　　——射阳开放大学党总支提升开放教育教学质量的探索与研究
　　…………………………………………………………………… 037

致力打造开放大学开放学员思政教育县域示范 …………………… 044

发挥兵头将尾作用　赋能学校事业发展
　　——射阳开放大学抓好队伍建设的创新探索 ……………… 051

第二章　谈学说教

峥嵘四十载　再启新征程　为开创射阳开放大学高质量发展新局面
　　而不懈努力
　　——在赴任射阳开放大学校长时的表态发言 ……………… 059

让学习成为我们终生的习惯
　　——在国开（射阳）2019届学员毕业典礼上讲话 ……………… 061
长风破浪会有时
　　——在"双周五"工作例会上的讲话 …………………………… 064
辞旧迎新　笃定前行
　　——在2019年秋学期结束工作会议上的讲话 ………………… 067
主动接受监督　着力全面整改
　　——在县委第一巡察组巡察党总支工作动员会上的发言 …… 070
认清形势　苦练内功　提升自我
　　——在2020年春季国开（射阳班）新生开学典礼上的讲话 …… 072
在逆境中实现弯道超车
　　——在2020年春季江苏开放大学（射阳班）新生开学典礼上的讲话
　　………………………………………………………………… 075
让好习惯为梦想插上飞翔的翅膀
　　——在开放大学2020春"家校合作·共创未来"活动上的讲话
　　………………………………………………………………… 077
腹有诗书气自华
　　——在国开优秀学员代表座谈会上的讲话 …………………… 083
投大靠强　合作共赢
　　——在东台开放大学开展校际交流学习会上的发言 ………… 085
提高基本素养　增强工作能力
　　——在学校学干、团干、班干能力提升培训班上的讲话 ……… 087
担当实干　笃定前行
　　——在射阳开大与县教师发展中心联谊会上的讲话 ………… 090
缅怀先烈伟绩　矢志担当实干
　　——在祭扫射阳县革命烈士陵园仪式上的讲话 ……………… 092
努力用创新的思路开创工作的新局面
　　——在我校新提任中层干部集体谈话会上的讲话 …………… 094
秉承办学体系传统　加快融合发展步伐
　　——在率队赴盐城开放大学汇报工作时的发言 ……………… 096
咬定全年目标　确保圆满收官
　　——在射阳开放大学双周五工作例会上的讲话 ……………… 101

努力创造人生出彩的机会
　　——在2022届职教高考动员会上的讲话 …………… 105
做一颗永不生锈的螺丝钉
　　——在校长办公室全体人员会议上的讲话 …………… 109
稳妥有序　高效落实　扎实抓好2022年春学期结束前的各项工作
　　——在学校全体教职员工周前会上的讲话 …………… 111
让孩子过一个有意义、充实的暑假
　　——在学校中职学生家长会上的讲话 ………………… 113
长风破浪正当时
　　——在响水县开放教育考察团参观学习座谈会上的发言 …… 116
细化考务流程　提升服务品质
　　——在江开期末考试考务工作会议上的讲话 ………… 121
磨炼意志品质　矢志执着追求
　　——在我校新生暨对口高考班军训动员大会上的讲话 ……… 123
磨炼意志强体魄　继往开来谱新篇
　　——在2022级中职新生军训闭营仪式上的讲话 ……… 125
新起点　新目标　新奋斗
　　——在2019级幼师班职教高考升学圆梦欢送会上的讲话 …… 127
集思广益　形成合力　助推社区教育高质量发展走在前列
　　——在全市社区教育现场观摩暨省级课题论证会上的讲话 … 131
凝聚老年智慧力量　合力助推乡村振兴
　　——在射阳老年开放大学揭牌仪式暨庆祝"重阳节"文艺汇演上的
　　　讲话 ……………………………………………………… 133
夯实稳定基础　喜迎盛会召开
　　——在市维稳督导组莅临指导工作汇报会上的发言 ………… 136
严谨求学启征程　拓展才能作贡献
　　——在江苏开放大学（射阳）新生开学典礼上的讲话 ……… 140
百倍珍惜新时代　埋头苦干出实绩
　　——在2022级"青春心向党　喜庆二十大"感恩主题班会上的讲话
　　　………………………………………………………………… 143
统筹兼顾理思路　科学精准抓落实
　　——在近期学校重点工作部署会上的讲话 …………… 146

因镇因地制宜　推进社区教育
　　——在全县社区教育工作推进会上的讲话 …………… 150
蓄势待发　共创辉煌
　　——在2022年秋学期寒假工作会议上的讲话 …………… 154

第三章　实践总结
县级开放大学引领社区教育的现状及其对策 ……………… 161
县级开放大学承担社区教育领军责任策略研究(结题报告) ……… 165
社区教育助力乡村振兴路径研究
　　——江苏射阳开放大学培养乡村振兴人才的实践探索 ……… 169
社区教育助力乡村振兴路径研究
　　——以盐城市射阳县为例(中期报告) ……………………… 173
追求家庭全员"两好两强"终身教育研究(开题报告) ……… 177
县域老年人"养教联动"的分类指导(开题报告) …………… 180

第四章　探索创新
爱心点亮夕阳红
　　——射阳开放大学(射阳县社区学院)志愿服务队关爱虹亚社区困难独居老人 ……………………………………………………… 191
春风化雨桃李香
　　——射阳开放大学校友代表座谈会侧记 …………………… 193
丰富精神食粮　打造校园文化
　　——射阳开放大学以文化人做好思想政治工作 …………… 197
坚持"五个结合"培养选拔优秀中层干部 …………………… 200
汲取党史力量　推动学校发展 ……………………………… 203
"管控""开大"书声琅 ………………………………………… 207

附录 …………………………………………………………… 209

第一章

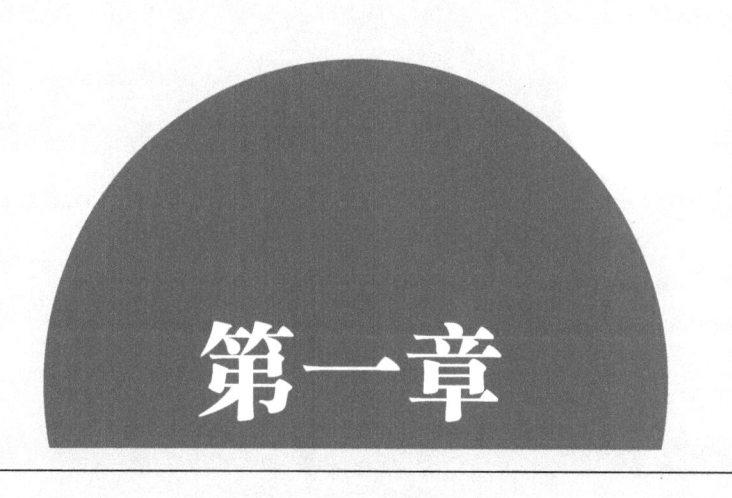

理论研究

基层开放大学做好思政工作的实践探索

摘　要：2013年8月19日，习近平总书记在全国宣传思想工作会议上说："意识形态工作是党的一项极端重要的工作，事关党的前途命运，事关国家长治久安，事关民族凝聚力和向心力。"2019年3月18日，习近平总书记主持召开学校思想政治理论课教师座谈会并发表重要讲话，从党和国家事业长远发展的战略高度出发，深刻阐明学校思政课的重要意义，对新时代学校思想政治工作作出部署，提出新要求：培养担当民族复兴大任的时代新人。

关键词：开放大学；思政工作；集体生活

基层开放大学是"服务全民终身学习"的重要平台，同样担负着办好人民满意教育的职责。如何做好成年人的思政工作，培养担当民族复兴大任的时代新人，培养德智体美劳全面发展的社会主义建设者和接班人，射阳开放大学做了积极的创新探索。

一、开学典礼再次唤起对集体生活的向往

上好开学第一课，学校高度重视成人高等学历教育的开学典礼工作，校长室专门成立筹备组，精心预设会议的每个流程，并具体落实到科室和个人，除了让学员找到难能可贵的归属感之外，开学典礼实实在在是一场生动的思想政治实践课。学生代表的发言朴实无华，但又透露着积极向上的求知欲望。从学校步入社会，再走进学校的礼堂，经历了坎坷，人生有了大境界：知所来，知所往。校领导对高等学历教育的重要性及作用的讲解，使学员们能够珍惜宝贵的求学时光，树立终身学习的理念。寄语新学员要"敬学立身""进取行世""律己修德"。领导的发言犹如春风化雨。这种校领导和学员互动将思想教育渗透在开学典礼中的做法，使开学典礼本身不只具有象征意义，更是思政课堂教学的实践开拓，从而有效地使学员将学习与生活紧密地联系在一起，帮助学员树立正确的人生观和价值观，更好地激发学员自主学

习的积极性。从众多学员处得到的反馈信息是,这样的开学典礼不同于以往学生时代的开学典礼,有久违的成就感和归属感,他们虽然都已成人,但开学典礼再次唤起了他们对学生时代集体生活的回忆,思想得到洗礼,情感得到升华。广大学员也纷纷表示,他们将珍惜疫情期间难得的学习提升机会,克服困难、真学真研,以过硬的本领回报社会。

二、组建思政课网络教学团队是做好思政工作的有力保证

为做好学生的思政工作,学校专门成立了思政课网络教学团队,让教学业务精湛、个人素养好的教师担任思政课的辅导老师和班主任。根据国家开放大学以及江苏开放大学的要求,一定要看完思政课的教学视频才能进行作业,思政课程不及格将延期毕业。但曾有不少学员忽略了这一点。团队教师通过多种形式加强与学员的联系,确保每一个学生都能按时完成视频的学习任务以及按时完成作业。新冠疫情期间,工作团队制定了专门的工作方案、管理制度、考核办法,加强教学效果的检查督查,做好学生的辅导答疑工作。学校还专门下发文件组织课程教学竞赛。春季学期以来,学生的行为天数和行为次数得到了大幅度的提升,思政课程考核得到有力的推动。班主任为加强对班级学员的管理,专门建立了班级微信群和QQ群,每天都在群中分享"学习强国"的一些重大时事新闻,让学生及时关注国内外时政信息。为把思政工作做深做实,学校专门成立了以思政教师为核心的"名师工作室",以名师引领,带动全校教师全心全意做好教书育人工作。

身教重于言教。4月7日,我校中职学生近200人按时开学。根据防疫工作需要,学生家长不能进入校园。对此,学校党总支组织30多名党员干部组成志愿者队伍,帮助学生搬运行李、测量体温、发放教材。大家忙前忙后,干劲十足,得到学生家长的普遍好评。

三、丰富的文艺活动传递积极向上的价值观

学校党政组织积极落实习近平总书记在文艺工作座谈会上的讲话精神,通过开展丰富多样的文艺活动传递真善美,传递向上向善的价值观,引导广大学员和教职工增强道德判断力和道德荣誉感,向往和追求讲道德、尊道德、守道德的生活。每年的重大节日,学校都组织丰富多彩的学员与老师的文艺表演活动。2019年10月,发鸿社区组织庆祝国庆70周年广场晚会,学校群

团组织充分发挥在思政工作方面的优势,工、青、妇各部门齐动员、都上阵,起到了众人划桨开大船的效果。广大学员积极参与,他们的歌声传递出对祖国的赞美,他们的舞蹈表达了对祖国的热爱。校团委牵头承办2020年"庆元旦、迎新年"师生汇演,参加汇演的节目主题鲜明、内容健康向上、形式多样、丰富多彩,受到来我校考察的省、市教育部门领导的表扬。校工会在年底组织的迎春茶话会,采取社区联动的形式,将学员精心打造的文艺节目奉献给社区大众。学员表演的《谨防校园贷》紧扣社会热点,射阳淮剧团表演的《金杯白刃》片段将历史故事再现给大众,以案释德,以案释纪,以案释法,深受广大观众的喜爱。优秀的传统文化是民族的精神命脉,也是涵养新时代中国特色社会主义核心价值观的重要源泉。

四、规范网上行为营造风清气正的网络空间

网络已"飞入寻常百姓家"。然而,各种思潮混杂其中,良莠不齐,乱象丛生。这是一块新的阵地,网络舆论直接影响着人们的思想观念和价值取向,加强网络管理、严密防范和抑制网上渗透行为,是学校思政工作的重要内容。学校积极响应上级党委号召,开展了"规范党员干部网络行为、营造风清气正网络空间"的主题党日活动;组织教职员工都参与了"学习强国"的学习,并定期评比;政教科组织了"文明上网"的主题班会课竞赛,制定了"射阳开放大学学生网上行为规范",和学生签订了"文明上网承诺书"。全校形成了正面引导和依规处理相结合的网络治理合力,明确责任分工,确保责任落地,走出一条齐抓共管、良性互动的新路。

五、运用道德讲堂传递正能量

学校成立精神文明建设领导小组,积极参与全县的文明创建工作,在此过程中,推进知行的统一。充分利用道德讲堂这个阵地,坚持"身边人讲身边事,身边事教身边人",发挥以德育人的优势,积极传递社会正能量。目前,道德讲堂运行已常态化,一个季度举办两次活动。每次活动都有明确的主题,都有详细的实施方案,已成为学校思政工作的又一抓手。结合全县"最美射阳人"的评比,道德讲堂又成为讲好人、学好人的重要场所。凡人善举成大业,好人好事显精神,这里,一个典型就是一面旗帜,一个模范就是一盏明灯。走进讲堂,大家争学好人,走出讲堂,身边又多出一批好人。

校园文化墙是学校思政工作的又一阵地。受传统经典文化熏陶感染,学生学仁、懂礼、明义、守信;人物故事、名家名言激励师生奋发进取。文化墙已融入校园文化之中,成为厚德育人、传递新时代中国特色社会主义核心价值观的重要载体。

六、采用工作简报实时通报学校思政工作动态

学校思政工作简报突出政治导向、价值导向和实践导向,将全校的中心工作与思政工作紧密地结合起来,聚焦到学习习近平新时代中国特色社会主义思想上来。在校党总支和校长室的统一领导下,统筹各科室资源,加强协同联动,形成了全校思政工作一盘棋。为推动思政工作简报的常态化,各职能部门分工明确,定时提供一周来本部门的重大活动安排及开展情况,校长办公室第一时间将其编印并分发到各科室、各班级,为便于成人学员学习,同时将其发布在学校微信公众号上。学校十分重视简报的实践导向,促进知行合一,鼓励在校中职学生参加社会实践、志愿服务,并要求所有学生撰写调查报告,使学生在实践感悟中增强责任担当意识。在教师层面,则加大课题研究的力度,学校在广泛征集课题的基础上,围绕区域经济发展、生态文明建设、社区文化提升等方面,形成了20多个重点课题。

为深入开展思政工作,学校还与县养老中心合作,推动"养教联动"基地建设工作。把学生的节目和志愿服务送出去,同时把养老中心的资深同志请进来,用他们的生动故事,教育在校师生弘扬社会主义核心价值观,加强革命传统教育。

思政工作永远在路上。全校将在上级党委的统一领导下,"聚焦聚力强动能,善治善为强作风",不断开拓创新,努力把射阳开放大学建设成为全省县级开放大学的排头兵!

(刊载于《长江丛刊》2020年第21期)

精心谋划开好局　全力突破登台阶

——努力开创射阳开放大学高质量发展新局面

中国共产党第十九届中央委员会第四次全体会议通过了《中共中央关于坚持和完善中国特色社会主义制度、推进国家治理体系和治理能力现代化若干重大问题的决定》(以下简称《决定》)(2019年10月31日),提出"坚持和完善统筹城乡的民生保障制度,满足人民日益增长的美好生活需要",在民生保障方面又重点提出了"构建服务全民终身学习的教育体系","加快发展面向每个人、适合每个人、更加开放灵活的教育体系,建设学习型社会"。这个《决定》的提出,对我们县级开放大学来说,既是挑战,更是机遇。

如何响应《决定》,基层开放大学需要创新公共服务提供方式,满足人民多层次多样化需求,在公共服务共建能力和共享水平方面,我们还要对许多课题做深入的研究。

在学校层面,要精心谋划开好局,全力突破登台阶,结合学校工作的实际,首先要着重做好以下几项工作:

一、坚持精准发力,做好顶层设计

谋划今后的工作,一是要有高度,发展站位要高。必须紧紧围绕十九届四中全会提出的"构建服务全民终身学习的教育体系"这一总要求,逐步建成一支有影响力的教师队伍。二是要有广度,学习类型要多。面向每个人、适合每个人,满足学习者个性化、多样化、终身化的学习需要,这就需要我们基层开放大学在用人上要"不拘一格降人才",打破传统体制。根据社会对人才的需求、不同社会学员自身专业的需求,广招各类专业技术人才作为备用老师资源。三是要有深度,教育品牌要响。目前,学校的普通话培训、中职幼师班、成人高考补习班、育婴师培训等,都已有一定的社会影响。中职幼师班培养出来的学生供不应求,得到了社会的广泛认可。成人高考补习班每年都为射阳教育培养出不少于50人的本科人才。

开放教育是"学在射阳"品牌建设的重要组成部分，是培养当地建设人才的重要载体。办好开放大学，就是满足人民日益增长的美好生活需要，就是聚焦办好人民满意的教育。

发挥我校的优势和特长，做好公共服务工作，满足社会各阶层的学习需要。发挥招生小组和重点科室的作用，选准主攻方向。一是针对乡镇教师任教满20年、30年申报中高级职称不受名额限制的优惠政策，对全县符合条件尚未达到本科学历的老师逐校衔接、逐一摸排、逐人对接，全部通知到位，确保应学尽学。二是发扬以生带生的传统优势，口口相传，形成"葡萄串效应"。通过日常关爱学生，让在开放大学学习的学员有归属感、成就感、自豪感，不断提升我校的知名度和美誉度。服务好学员，就是在宣传学校。2019年12月8日我校举行了国家开放大学（射阳）毕业典礼，印发了学员通讯录，购置了学士服，评选出优秀学员，并拍摄毕业照留念，学员反响热烈。三是继续探索与相关乡镇、相关部门、相关单位联合办学之路，有针对性地搞好学历教育，与国投的养老中心合作，做好"养教联动"工作。

二、坚持持续发力，做到久久为功

"加快发展面向每个人、适合每个人、更加开放灵活的教育体系，建设学习型社会"，是在全面建成小康社会基础上全面建设社会主义现代化国家、促进人的全面发展和社会全面进步的新的更高的要求。它是一个长期的过程，需要持续发力，做到持之以恒，久久为功。在基层开放大学方面，就需要常年宣传，常年招生。学校为加强宣传，一是设置了开放大学微信公众号，定期发布学校各个方面的动态和事迹，每个科室每周上报一篇报道文章到校长办，统一整理后及时发布；二是设计发布射阳开放大学的LOGO（标识）图案；三是印制精美的宣传单页，作为招生的宣传材料；四是通过媒体宣传（主要是射阳电视台和《射阳日报》）来扩大影响；五是抓住春节、五一、国庆长假走亲访友、敲门招生来推介宣传。总之，通过一个动作接着一个动作，一个活动接着一个活动，持续发力，做到服务不松懈。

三、坚持协同发力，做活创建文章

把单位的事情做好，需要众人拾柴，一起划桨，充分发挥团队的力量和作用。为加强教师队伍的向心力，学校多措并举提升教师的凝聚力，营造多部门协同共建创建平台的氛围。校长室、工青妇、各科室职能部门在学校党总支的统一领导下,各司其职又齐心协力,共同做好学校创建大文章。一是抓实党建工作。强化支部建设,在单位管理的各个层面、各个环节,都凸显支部的作用,保证党建工作与重点工作方向的一致性。二是在人才培养上建立激励竞争机制。鼓励干部职工积极进取,勇于开拓,敢为人先,上好每节课,做好每件事,搞好每次活动,有效激发干部职工的内在活力。三是组织党员群众参观红色景点,加强爱国主义教育,培养教职工的家国情怀。2019年11月16日,在学校党总支的领导下,由工会牵头,参观孟良崮战役纪念馆。四是学校搭台,科室"唱戏",组织召开迎新春师生茶话会。这次茶话会与驻射雷达部队、射阳杂技团等单位联合举办,开创社校互动新模式,也是服务方式上的新探索。各科室积极筹划,高水平、高标准、高质量地组织了这次联欢活动。五是科室互动、员工全上,传媒跟上,多层面推介我校,力争我校国开、江开、奥鹏、中职招生全面开花。

四、坚持问题导向,提升工作实效

坚持问题导向,创新工作方法,完善工作流程,以严谨的工作作风,引导全校青年教师奋发进取,扎实工作,创造新业绩,成就新作为,努力为办好人民满意的教育贡献青春、智慧和力量。

加强对青年教师的培养,是学校教育教学工作的一项重要内容。校长室以及职能科室制订出详细的实施方案,拉出学习清单,责任到人,按流程有序实施。对青年教师的培养有几个方面不可忽视:一是政治正确。我们的教育是培养社会主义接班人,作为青年教师,政治站位要准。学校要不断地组织青年教师深入学习习近平新时代中国特色社会主义思想,引导他们去读原著、学原文、悟原理,让他们站稳信仰高地,只有这样,才能在教学中树牢"四个意识"、坚定"四个自信"、做到"两个维护",自觉地表现对党的教育事业的忠诚。在"不忘初心、牢记使命"主题教育中,我校党员同志积极参加,勇于剖析自己,表现出较高的政治站位,对青年教师具有示范引领作用。二是情怀要深。教育是百年大计,要加强师德教育,并渗透到学校管理的过程之中。每位教师心中要装有事业,要有"为天地立心,为生民立命,为往圣继绝学,为万世开太平"的精神境界,始终把"办好人民满意的教育"作为职业追求,自觉地扛起社会责任。三是业务要强。组织教师加强教学业务学习与培训,通过示范课、公开课、竞赛课、调研课等教学活动,让青年教师在教学体验中不断磨炼,通过教师集体评议、个人写教学反思等形式,提高青年教师的业务理论水平,促使其业务成长,争取在三年内,每门学科都有一定数量的教学能手和学科带头人,每年学校都有一定数量的不同级别的高质量研究课题。四是作风要硬。"务得其实,每求真是",要弘扬求真务实的工作作风。一开始就要培养青年教师严谨的工作作风,不能有半点马虎、随意和草率。班子成员及党员同志要在真抓实干上带好头、作表率,切实提升工作实效,推进工作,要养成雷厉风行的习惯,该办的事坚决办、难办的事想办法办,不拖拉,不推诿,特别是招生工作,时效性很强,容不得半点懈怠。

射阳开放大学成立近四十年,风风雨雨几十年。大家就像爱护自己的眼睛一样珍惜当前来之不易的安定局面。全体教职员工要协同发力,责任共担,做到相互帮助,相互关心,瞄准重点,做活创建大文章。

(刊载于《知识文库》2020年第21期)

对标对表找差距　社区教育争一流

——射阳开放大学 2020 年社区教育工作纪实

2020 年,射阳开放大学党总支在射阳县委、县政府以及上级开放大学的正确领导下,持续深入学习习近平新时代中国特色社会主义思想,加强学校思政工作建设,凝聚人心,攻坚克难,扎实开展比学赶超活动,在开放教育、中职教育、社会教育等领域取得了显著的成绩:"县级开放大学承担社区教育领军责任策略研究"和"农村社区教育发展的瓶颈及对策研究"两个社区教育课题,分别获江苏省社会教育服务指导中心立项;射阳县社区学院农民画学习体验基地申报成功;创办中职对口高考班;学校首次被国家开放大学表彰为"优秀教学管理单位";疫情期间在做好防疫工作的同时,成功举办普通话水平测试近 400 人次;组织并指导校内中职生参加中级育婴师职业技能培训与测试,59 名同学通过考核,通过率达 95% 以上;启动了江苏省社会教育服务指导中心主办的"学习苑"项目申报,同时启动了"鹤乡石韵"游学项目,组织了 4 次家校联动座谈会,举办了 3 次社校联动茶话会。社区教育全面开花,射阳开放大学在全县社区教育的引领作用日益凸显,受到了县委、县政府的高度肯定,也得到了社区群众的充分认可。

一、确立高目标追求

以打造全省县级开放大学排头兵为总体目标定位,全面排查工作中存在的问题,通过比较分析,找出存在的薄弱环节:过去国开教学 14 项考核指标全省偏后、中职招生举步维艰、社区教育徒有其名、教师教学动力不足、学校发展缺乏规划等。经调研,学校领导班子找到了学校发展存在的主要问题。结合上半年县委第一巡察组的整改建议,对学校的各项工作进行了全面整改,采用清单上墙、限期整改的方法,逐条逐项解决问题;责成各科室拿出整改方案,制订部门年度计划并讨论通过;制订学校三年发展规划,对开放教育、中职教育、社会教育等都提出了明确的目标达成要求;以学校的发展规划带动教师制订个人发展规划,解决动力不足和工作拖、拉、懒、散现象;以教学竞赛活动带活学校的各个部门;以课题研究推动学校社区教育科研全面提高质量;以项目申请和加强培训,推动社区教育全面登台阶。

为推动学校的各项工作顺利开展,校党总支、校长室坚持精准发力,做好顶层设计;坚持持续发力,做到久久为功;坚持协同发力,做活创建文章;坚持创新发力,提升工作实效。学校以工作简报的形式,将校长的施政报告《精心谋划开好局,全力突破登台阶——努力开创射阳开放大学高质量发展新局面》印发给大家,让每名员工了解学校的办学定位和目标追求。

二、加强全方位学习

古人说:"学,然后知不足。"只有加强学习,才能发现自身的不足,才能推动工作的开展。一年多来,学校各条线全面开花,教师们纷纷走出去,通过学习比较,挖掘发展潜力。组织开教科参加了江苏开放大学在东台市举办的国开工作会议、徐州的开放教学调研、宿迁的国开开学工作会议和济南的奥鹏教育工作会议;组织社教科去盐城经贸学校调研学习体验基地项目,射阳县社区学院农民画创作体验基地已获批建设。到建湖县宝塔镇调研"学习苑"申报工作,申报射阳县社区学院"学习苑"项目。赴连云港东海县学习游学项目,申报"鹤乡石韵"人文之旅游学项目。学校还组织社教科的同志到常州、无锡、苏州调研社区教育的相关工作。与江苏理工学院、扬州市职业大学签订校校合作联动协议,参加江苏省社会教育服务指导中心组织的课题研究专项培训。参加了滨海县政府和滨海开放大学联合主办的全市全民终身学习周开幕式活动。每次走出去,都有很大的收获,也推动了学校相关工作的开展。从前,社区教育仅仅限于组织一些培训活动;现在,学校社区教育工作已提上议事日程。通过多个项目的申报,让基层开放大学主动承担起社区教育的领军责任。

在加强学习方面,除了走出去,我们还大力请进来。年初以来,我们邀请了射阳县教师发展中心的有关名师为全校教师举办微型课知识讲座,请他们担任评委,参加了我校微型课的教学竞赛评选活动;邀请了我市的历史学科带头人为中职学生开展讲座,介绍近百年来我国的历史和在中国共产党领导下所取得的成就;邀请语文学科专家,专门为同学们讲解阅读与写作方面的知识;邀请县心理咨询团队专家,为同学们进行心理辅导;邀请县文化馆的有关专家,为同学们讲解艺术专业欣赏;邀请省学科带头人、江苏省盐城技师学院教育管理科王艳蓉科长,做了题为"做一只高飞的领头雁"的讲座,提升学生干部自我管理的工作能力。在社会教育培训方面,我们也是"不拘一格降人才",专门从盐城幼高师请来了普通话测试培训专家李玲教授,为全校师生进行了为期一天的普通话培训;我们从射阳县安恩宝教育培训机构请来了林兆宏老师,为在校的中职生进行育婴师中级职业技能培训;从县红十字会请来专家,为同学们进行应急救护知识培训;等等。走出去,教师的视野开阔了;请进来,学生的接触面扩大了。主动学习、深度学习已成为全校师生的自觉行动,也成为社区民众文化提升的内在要求。

三、确保先进性建设

从加强党的先进性建设的高度,切实抓好思想建设和制度建设。学校一直推行将平时的工作简报作为思想政治工作和其他工作的重要抓手,校长亲力亲为,连续编印多期工作简报,深受广大教职工的欢迎。思想政治工作围绕落实中国共产党第十九届中央委员会第四次全体会议通过的《中共中央关于坚持和完善中国特色社会主义制度、推进国家治理体系和治理能力现代化若干重大问题的决定》和十九届五中全会《中共中央关于制定国民经济和社会发展第十四个五年规划和二〇三五年远景目标的建议》,为"构建服务全民终身学习的教育体系","加快发展面向每个人、适合每个人、更加开放灵活的教育体系,建设学习型社会",基层开放大学需要创新公共服务提供方式,满足人民多层次多样化需求。

为迎接县委意识形态工作检查,同时为争创全省县级开放大学排头兵,学校领导在实践的基础上,将学校的思想政治工作做了一个总结,撰写了《基层开放大学做好思政工作的实践探索》,发表在省级刊物《长江丛刊》上。文章从六个方面论述了我校在开放大学思政工作上的一些创新举措,既是平时工作的一个总结,也是可供参考的方法论。

为加强教师思想政治教育工作,弘扬和培育新时期教师职业精神,塑造一支师德高尚、敬业乐业、知识渊博、精于教书、勤于育人的教师队伍,引导全体党员和教师立足岗位,不懈努力,争做党和人民满意的"四有"好教师,制定了切合我校实际的"射阳开放大学师德师风学习手册",并通过开展师德师风教育活动,和每一位教职员工签订了师德师风建设承诺书,从而不断推动我校师生员工的作风建设和道德建设,同时促进了我校各方面工作健康稳定地发展。

为推进学校的党建工作,校长室牵头起草了《射阳开放大学党总支关于落实"基础工作强化年"活动的实施方案》《射阳开放大学党总支关于落实开展"支部建设年"活动的实施方案》《射阳开放大学党总支关于开展"五不比五比"大讨论活动的实施方案》《射阳开放大学党总支关于开展"作风建设突出问题专项整治"活动的实施方案》《射阳开放大学党总支关于开展"执行力提升年"活动的实施方案》五个党建文件,对全面提升从严治党主体责任制落实水平、提升党组织建设水平、提升党组织监督机制建设水平、提升党的组织生活质量、提升党建基本工作制度落实执行水平、提升党员管理和思想作风建设水平、提升干部队伍建设整体水平、提升党建工作信息化水平,具有极其重要的作用,是学校全局性、战略性、前瞻性的重要文件。

四、突出示范性引领

坚持高起点规划、高水平推进、高标准落实,以社会教育科为示范窗口,以点带面,推动全校各项工作的开展。

社会教育科是面向社会的重要窗口,学校进一步明确了科室服务社会的职能,把组织并实施好社会培训作为回馈社会和校内考核的重要指标。2020年以来,新冠疫情肆虐,社会人员十分关切普通话测试是否能够举办。学校考虑到社会的需求,经过反复的论证后,制订了严密的新冠疫情的防控预案和应急预案,利用暑假时间,为全县400多人组织了测试。2021年,学校还分别接待了供电公司、法院、公安局、财政局、行政审批局等单位组织的业务培训、考试约4 000人次。

为做好射阳县社区学院服务社区工作,2021年,学校还与射阳县养老中心一同申报了"养教联动"基地项目。

学校进一步明确了职教班级学生的教育方向,为社会培养有用的人才。利用暑期、国庆等假期,加强了对职教班级学生的职业技能和综合素质的培养,改善了职教班级学生的学习、生活条件。学校在举办多期家校合作座谈会的基础上,举办了职教班级的"团干、学干、班干业务培训班",充分发挥班干部和团干部在学生和老师之间的桥梁纽带作用,努力把职教班级管理工作落到实处,为社会尽一份责任。

五、发挥指导性作用

学校积极贯彻《教育部关于办好开放大学的意见》(2016年1月),"坚持面向基层、面向行业、面向社区、面向农村,广泛开展职工教育、社区教育、老年教育、新型农民教育和各类培训,突出人才培养特色和学校办学特色",明确自身办学定位,充分发挥指导乡(镇)社区教育指导中心工作的职能。一年来,学校与县教育局职社科密切配合,组织了多期乡(镇)社区教育指导中心工作人员座谈会,配合"县级开放大学承担社区教育领军责任策略研究""农村社区教育发展的瓶颈及对策研究"两个社区教育课题研究,跑遍了全县的各个乡镇,及时了解乡(镇)社区教育现状,并对其工作进行指导。在陈洋镇,调研人员结合当地农民画发展的现状,积极引导当地开展文化产业活动,并指导其成功申报"学习体验基地"项目;在射阳港经济开发区,充分运用当地石材加工企业的优势,结合旅游特色,指导其申报"鹤乡石韵"人文游学项目;深入洋马镇调研了"鹤乡菊海现代农业产业园",指导其申报游学体验基地;指导临海镇同祥农民快板队宣传十九届五中全会精神,挖掘张謇在射阳县中五村创办华成公司旧址的文化内涵,收集整理当年启海人不远千里、背井离乡前来射阳沿海开荒植棉的感人故事;配合县委宣传部深入千秋镇,收集整理射阳河沿岸的历史文化资料,修缮利用历史遗存,开启射阳河文脉研究;指导合德镇发鸿社区党群服务中心等三个传习所,将这些场所打造成向社区居民宣传党的政策的重要阵地;与东台开放大学联合举办了"讲好亲子共学故事,促进子女茁壮成长"的征文活动,通过活动,形成"教师引领学生,学员影响家庭,家庭推动社会"的良好的全民学习氛围。

射阳,南北在此分,陆海在此合,独特的地理位置,注定了射阳的风光多彩、风情多元、风物多样,可为社区学习的体验基地提供丰富资源。射阳开放大学将不断推出射阳的文化精品,让鹤乡展现出永久魅力和时代风采!

(刊载于《华人时刊(校长)》2021年第3期)

更好发挥政府作用 推动"飞地经济"发展
——盐城市"飞地经济"新视角、新机遇、新挑战、新路径研究

中共盐城市委明确提出"建设北上海飞地经济示范区"以来,盐城市"飞地经济"的发展势头强劲。在新发展阶段深入贯彻新发展理念、构建新发展格局的大背景下,我们要以全新视角,深入研究盐城市"飞地经济"发展面临的新机遇、新挑战、新路径,为盐城市"飞地经济"发展建言献策。

一、全面认识盐城"飞地经济"的新视角

1. 全面认识盐城"飞地经济"需要新视角

国家发展改革委等八部门于2017年5月联合印发《关于支持"飞地经济"发展的指导意见》。中共盐城市委政治站位高,及时敏锐地创造性贯彻国家有关支持"飞地经济"的方针政策。2018年7月召开的中共盐城市委七届六中全会上明确提出,打造北上海飞地经济示范区。由此,"飞地经济"在我市越来越引人注目,引发深思。党政机关制订有关"飞地经济"发展计划、指导"飞地经济"发展,基层干群踊跃参加发展"飞地经济"实践,社会科学工作者深入开展"飞地经济"的调研。盐城飞地面积大、种类多,"飞地经济"发展前途广阔。在我市"飞地经济"迅速发展的新形势下,如果我们仍然囿于老眼光,将"飞地经济"等同于合作共建工业园区或仅归结为建立沪苏产业集聚区,就会目光狭窄短浅,严重束缚我市"飞地经济"的发展。我市党政部门和社会科学工作者对"飞地经济"的关注度越来越高,迫切要求以新视角全面认识盐城"飞地经济"。

2. 确立全面认识"飞地经济"新视角的依据

"飞地经济"由来已久,但"飞地经济"研究时间较晚。据考证,世界上最早研究"飞地经济"是从20世纪50年代开始的。德国著名区位和空间经济学家沃尔特·艾萨德于1956年在他的《区位与空间经济:关于产业区位、市场区、土地利用、贸易和城市结构的一般理论》一书中,对"飞地经济"形态做了

最初的描述。甚至有研究认为,到 21 世纪初,美国波士顿大学的经济学家才把"飞地"概念引入经济领域,提出"飞地经济"的概念。

我国国内有关"飞地经济"的说法直到 2004 年以后才频繁出现。随着合作共建园区这种新区域合作模式的出现,不少学者将国外的"飞地经济"概念引入国内,称这种模式为"飞地经济"。据考证,从 2006 年开始,国内有学者对"飞地经济"进行定义,但至今都是众说纷纭,莫衷一是。

2017 年 5 月,国家发展改革委等八部门联合印发的《关于支持"飞地经济"发展的指导意见》,是我们认识"飞地经济"的最权威的文件依据。虽然该文件没有对"飞地经济"下定义,但是,该文件规定的支持"飞地经济"发展的四项基本原则,为我们研究"飞地经济"提供了基本遵循。一是政府引导、市场运作;二是优势互补、合作共赢;三是平等协商、权责一致;四是改革创新、先行探索。

我国"飞地经济"发展模式是一种新生事物,我们对"飞地经济"的认识绝不能受僵化概念束缚。我们应以国家发展改革委的文件为指导,从不同行政主体(市场主体)、跨区域合作、互利共赢、改革创新这四个方面,来全面系统地认识盐城"飞地经济"。

3. 全面认识盐城"飞地经济"新视角四要素辨析

一是不同行政主体(市场主体)是认知"飞地经济"的首要因素。"飞地经济",说到底都是不同行政主体之间的合作。我国的国有公司牵头参与合作共建园区,实际上是该公司代表的合作方是地方或政府部门。若是纯民营企业合作共建的园区,则无所谓什么"飞地经济"。也就是说,不同行政主体跨区域合作经济开发,是认定"飞地经济"的首要因素。不同行政主体在投资开发建设、土地人才劳动力资源配置、行政管理、运营管理、成本分担、利润和税收分成、GDP 指标统计等等方面有各自的诉求。至于不同行政主体在跨区域合作经济开发中的紧密程度则不可能是整齐划一的。

二是跨区域合作是认识"飞地经济"的核心要素。"飞地"是"飞地经济"存在和发展的根本前提。只有在"飞地"上进行跨区域合作才有"飞地经济",有"飞地"必然在"飞地"上产生生产、流通、分配、消费等各种各样的经济活动。"飞地"上的经济活动,也必然产生不同行政主体的程度不同、形式多样的合作。如在"飞地"上创办企业必须依法给当地交税、吸纳当地劳动力等。很难想象,在一个存在大量"飞地"的地方,却不存在"飞地经济",不存在"飞地经济"对当地的税收和劳动力就业等的带动,不存在不同行政主体的跨区域经济合作。

三是互利共赢是认知"飞地经济"强大生命力的关键要素。不同行政主体发挥各地区比较优势,促进土地、技术、管理等资源优势互补和优化配置,共同参与园区建设和管理,建立合理的成本分担和利益共享机制,促进合作各方实现权利和责任对等,实现良性互动、互利共赢。马克思说:"人们奋斗所争取的一切,都与他们的利益有关。"不同行政主体跨区域合作经济开发,一定要把合作各方的眼前利益和长远利益、物质利益与生态效益,甚至精神需求和政治利益兼顾好统筹好,并要根据发展变化的客观实际,依法依规平等协商,作出合情合理的调整。

四是改革创新是认知"飞地经济"性质和发展趋势的重要因素。"飞地经济"作为不同行政主体跨区域合作经济形态,正在迅速发展变化之中。我们一定要以改革创新探索的精神对待"飞地经济"。就不同行政主体的跨区域合作而言,当不同行政主体在跨区域合作中紧密程度不高、尚未合作共建园区或不同行政主体职能未完全到位时,不得否定其"飞地经济"性质。如中韩产业园就不同于苏州工业园由两国政府直接磋商,而是由两国政府部门的机构指导合作,但这不排除中韩产业园按"飞地经济"的模式来发展。就跨区域合作的"飞地"而言,既包括传统意义上的"飞地",也包括现代产权职能分离条件下产生的新"飞地",如欠发达地区到大城市租赁房地产或到发达地区购置、兴建房地产,创办科技、现代服务等园区,甚至到海外、国外合作共建各种园区。这些都是新型的"飞地经济"形态。

4. 全面认识盐城"飞地经济"新视角的本质所在

首先,"飞地经济"是跨区域合作经济。"飞地经济"是存在区域比较优势、产业梯度转移、现代产权的所有权经营权使用权可分离、经济增长极、区域共同开发治理等条件下的一种必然选择。不同行政主体跨区域合作共赢,是"飞地经济"持续发展的不竭动力。

其次,"飞地经济"是开放型经济。"飞地经济"要求打破行政区划、行政体制的束缚,通过不同行政主体的平等协商,实现资源的优势互补和优化配置。"飞地经济"必然冲破画地为牢、闭关自守的局面。至于"飞地经济"的开放程度,有一个由低到高、由小到大、由简单到复杂的过程。我们不能因为"飞地经济"起步阶段开放程度低、简单,就忽视其存在的价值。"飞地经济"必然会越来越开放,最终与当地经济融为一体。

再次,"飞地经济"符合"三新"要求。党的十九届五中全会提出,要贯彻新发展理念、适应高质量发展新阶段要求、构建以国内经济大循环为主体、国内国际经济双循环相互促进的新发展格局。"飞地经济"既立足于国内经济大循环为主体,又有利于实现国内国际双循环相互促进。它是在高质量发展新阶段贯彻新发展理念的合作经济模式。

二、盐城市发展"飞地经济"面临的新机遇和新挑战

盐城是长三角农业"飞地经济"大市。考察盐城市"飞地经济"的发展趋势,必须依据国家对"飞地经济"发展的总体要求,深入实施国家的区域经济发展战略,服务"一带一路"倡议、长三角一体化战略、江苏沿海发展战略、淮河生态经济带发展战略,以及长江经济带发展战略,深入研究在我国经济发展新阶段和构建以国内大循环为主体、国内国际双循环相互促进新发展格局的大背景下,我市发展壮大"飞地经济"带来的新机遇和新挑战。

1. 从对外开放的大格局来看,盐城作为沿海"飞地经济"大市面临的机遇与挑战

当今面临百年未有之大变局,但我国对外开放的方针是坚定不移的,不但不会走自我封闭的老路,而且对外开放的门只会越开越大。要发展更高水平的对外开放,江苏沿海发展战略要求,充分发挥沿海作为对外开放的前沿优势。盐城市是江苏沿海三个大市之一,拥有江苏沿海2/3的海岸线,海岸线长达582海里。盐城的"飞地经济"又集中在盐城东部的响水、滨海、射阳、亭湖、大丰、东台。这样得天独厚的沿海区位,使盐城"飞地经济"处于面临日本、朝鲜、韩国东北亚经济圈之中。随着盐城黄海湿地列入《世界遗产名录》,成为全国第14处、江苏唯一的世界自然遗产,也是目前全国唯一的湿地类世界自然遗产,盐城市正着力从世界自然遗产湿地入手,加强对东北亚经济圈的开放。在这一开放过程中,势必给我市"飞地经济"的发展壮大提供机遇,无论是产业的转型升级,还是创造更多高质量的产品和服务融入世界,特别是吸引更多的优质资源来开发我市"飞地经济",都提供了广阔的前景。

同时,也必须看到要实现我市由沿海"飞地经济"大市向沿海"飞地强市"的跨越,面临严峻挑战。虽然,2020年底上海至盐城的高铁开通,为盐城"飞地经济"的发展提供了便捷的现代交通,但同时高铁的开通也会产生资源的吸虹效应,优质资源、人才、技术、资本、信息等更便捷地流向上海、苏州等发达地区。如果不把盐城作为沿海"飞地经济"大市的潜力充分发掘出来,则盐城的经济发展将更加滞后。

2. 从国家区域经济大格局来看,盐城作为长三角"飞地经济"大市面临的机遇和挑战

长三角一体化发展战略,是习近平总书记亲自部署和高度关心的重大区域发展战略。长三角一体化包括三省(浙江、江苏、安徽)一市(上海市),实现长三角一体化,将打造以上海为中心的世界级城市群。盐城市是长三角27个城市之一,是长三角中心区域市,是江苏省苏北唯一的长三角城市。

以上海为中心的发展辐射轴,长期以来以西北向的沪宁、西南向的沪杭为重点,近年来伴随着跨江通道的建成,向北的沪盐和向南的沪甬逐渐形成新的优势。盐城向北连接连云港、青岛,向南经南通接上海,承接上海的辐射条件日益改善。上海在盐城有307平方公里的"飞地",与江苏省合作共建的沪苏大丰产业联动集聚区已被列入长三角一体化发展规划纲要,集聚了临港集团、光明集团等龙头企业,沪苏浙合作的正泰新能源项目正开工建设,是承接上海和长三角地区产业转移的重要载体。

同时,也必须看到,盐城要实现长三角"飞地经济"大市到长三角"飞地经济"强市的转变面临着新挑战,长三角地区一体化需要突破体制机制障碍。而盐城作为长三角"飞地经济"大市还要突破"飞地经济"发展的体制机制障碍。要在招引项目、利益关系处理方面等以更高的境界、更有效的办法,化解"飞地经济"发展中的矛盾,让"飞地经济"得到更好的发展。

3. 从现代农业发展要求来看,盐城作为农业"飞地经济"大市面临的机遇和挑战

盐城是农业大市,是全国重要的优质农产品供应基地。我市对全国农业的贡献可以用"11223"来概括:即以全国0.64%的耕地面积,年产出占全国1%的猪肉、1%的粮食、2%的水产品、2%的蔬菜和3%的蛋类。盐城常年种植粮食面积1 470万亩左右,是江苏唯一百亿斤产粮大市。江苏年产粮3 700万吨,其中盐城712万吨,近全省五分之一。盐城粮食产量超浙江全省,相当于一个半福建。2019年盐城农业产值达1 128亿元,占全市经济总量比例超过11%,有如此大的农业生产规模,如此多的农业初级产品,说明盐城发展农业的基础相对较好。但是盐城离农业强市还有较大差距。

盐城市要发展现代农业,就是要发展第六产业。我们说的第六产业,即融合各种资源、整合各种要素的产业。既要发展农业一产,更要在农业二产、三产上下功夫,实现从田头到餐桌的全链条增值。特别在农业二产上,要应加工尽加工,从粗加工到精加工,实现农产品的最大增值。

对照第六产业,盐城拥有优势资源,却没有完整的供应链和价值链。农

业深加工产业化不足,是盐城最大的短板。比如,南京农业占比虽然小,但农业加工能力远比盐城强。盐城种稻谷产大米,苏州却用大米做成雪饼。盐城用长麦磨面,却没有端出"康师傅"。盐城拥有"海大食品",却没有做出"思念水饺"。盐城人辛苦养猪,上市是白条肉,而别人做的是分割肉或肉罐头。

加工能力不足、加工深度不够,导致盐城仍处在以售卖初级农产品为主的农业发展方式,处在产业链的中低端。2019年,盐城农产品加工业产值与农业总产值之比为2.22∶1,低于全国、全省平均水平。700多万吨粮食产量,年加工转化能力只有300万吨左右,家禽年出栏总量1.3亿只,本地加工消耗量仅1800万只,配套从事家禽加工的龙头企业仅有20家,农产品加工增值能力弱。

所以说,建设盐城现代农业强市,对盐城"飞地经济"既是机遇也是挑战。

4. 从盐城生态文明建设大格局来看,盐城作为生态飞地经济大市面临的机遇和挑战

盐城是一座被湿地环绕的城市,东部黄海海滨湿地,西部里下河湖荡湿地,再加上淮河入海水道贯穿东西,天然形成H型的市域生态格局。盐城有长三角地区最大的绿肺、最好的空气、最多的珍禽鸟类,建有丹顶鹤和麋鹿两个国家级自然保护区,拥有我国唯一的海滨湿地自然遗产——黄海湿地。这块遗产地处于人口稠密、经济发达的长三角地区,是全球数以百万迁徙候鸟的停歇地和越冬地。盐城还是"一个让人打开心扉的地方",空气质量全国领先。大丰麋鹿保护区野鹿荡,是中华暗夜星空的保护地。40平方公里空间内因为空气纯净没有光污染,是我国仰望星空,探索宇宙的绝佳胜地之一。

处于生态优势显著的我市中的"飞地经济",应挖掘并放大生态优势,在发展现代农业的同时,培育湿地观光、体育休闲、生态康养、科普体验等高端服务业态。

5. 从新发展大格局来看,盐城作为"飞地"合作园区经济尚处于起步的大市面临的机遇和挑战

虽然我市是"飞地经济"大市,但是在"飞地"共建园区中仍处于起步阶段,农业科技园区、工业园区、服务业园区都很少。

2019年盐城市提出大力发展农业科技园区,要求根据"八有"的标准,即有市场竞争力的主导产品、有一定规模连片的种植养殖空间规模、有系统科学的空间规划产业发展规划、有专业化稳定的农业科技合作机制和合作机构、有完善的农业基础设施、有规模型农业深加工企业和就业转化加工存储的生产条件、有完善的组织推进机制和运行维持工作队伍、有美丽良好的田园风光和村庄形态。

目前,盐城市已建成的农产品加工集中区和现代农业产业园区,科技创新能力不强,农业产业化企业不多,布局散、规模小,难以和大市场对接。盐城市在"飞地经济"发展过程中还要合作共建一大批工业园区、服务业园区,"飞地经济"才能不断增强经济实力。

三、更好发挥政府作用、推动"飞地经济"发展的新路径

1. 制定和完善"飞地经济"发展规划

在全市上下正在制定"十四五"规划之际,鉴于盐城"飞地经济"大市的基本市情,特别是建设"飞地经济"强市对全市现代化建设具有强大带动作用,我市必须将建成"飞地经济"强市的有关内容列为全市"十四五"规划的重要内容,制定和完善全市发展"飞地经济"的专项规划。一是制订全市"十四五""飞地经济"的专项规划。该规划中应全面反映我市"十四五""飞地经济"发展的战略目标、战略措施。即既要包括沪属农场"飞地",也要包括省属农场"飞地";既要包括市外飞入的内"飞地",也要包括市和县(市、区)直属的"飞地";既要包括"飞地"工业园区,也要包括"飞地"农业、科技、现代服务业"飞地"园区;既要包括本市境内"飞地",也要包括到市外合作共建各类园区。二是做好沪属、省属"飞地经济"规划衔接。在沪属、省属农场合作共建园区,要力争列入上海市和江苏省的"十四五"总体规划和有关专项规划,还要与沪属、省属农场的规划相衔接。只有这样,才能使我市发展"飞地"园区经济的规划与合作对方相协调,便于将规划变成现实。三是督促指导本市相关地区和单位制订好"十四五""飞地经济"规划。各县(市、区)尤其是沿海的响水、滨海、射阳、亭湖、大丰、东台制订的"十四五""飞地经济"专项规划,各重点"飞地经济"园区如中韩(盐城)产业园、滨海港工业园区、沪苏大丰产业集聚区等各类园区的"十四五"发展规划,都要体现全市"飞地经济"专项规划的要求,这样才能保证全市"十四五""飞地"专项规划的实施。

2. 建立健全"飞地经济"领导管理体制

"飞地经济"涉及不同行政主体及市场主体之间的合作。上下左右各种行政主体对"飞地经济"都会产生影响。盐城市本级不可能左右市外行政主体对"飞地"合作共建园区的态度。但是,盐城市本级为建成"飞地经济"强市应当建立健全推动"飞地经济"发展的决策、执行、督查考核体制机制。一是领导体制。成立全市"飞地经济"领导小组,由市主要领导担任组长,综合经

济部门及工业、农业、科技、文旅等部门为成员单位,定期研究决策"飞地经济"发展的重大问题。同时,要优化"飞地"合作共建园区的领导决策机制,特别是着力完善市、县(市、区)所属共建园区的领导决策体制。二是协调执行机制。"飞地"合作共建园区党工委和管委会应优化组合,及时协调解决园区建设中的问题,做到对"飞地"合作共建园区的决策执行有力。三是督查考核机制。为推动"飞地"合作共建园区的发展,必须对"飞地"合作共建园区的有关方面履职尽责情况进行定期督查考核。要将市直和各县(市区)有关方面对"飞地"合作共建园区的情况列入考核范围。

3. 创造性地贯彻国家关于"飞地经济"的方针政策

国家发展改革委等八部门于2017年联合印发《关于支持"飞地经济"发展的指导意见》(以下简称《意见》),这是迄今为止国家关于支持"飞地经济"发展的方针政策最权威的文件。《意见》明确了国家对支持"飞地经济"发展的总体要求、基本原则,特别强调政府充分尊重基层首创精神,创新"飞地经济"合作机制,积极探索主体结构、开发建设、运营管理、利益分配等方面的新模式,有条件地创新政策供给,力争在重点领域和关键环节取得突破。

我市担负着建设"飞地经济"强市的特殊使命,必须创造性地贯彻国家支持"飞地经济"发展的财政、税收、土地、能耗、水耗、环保、安保等政策,积极向上争取,切实支持基层探索,力争创造出一套可推广可复制的"飞地经济"发展经验。

4. 全方位多形式推动我市"飞地经济"发展

发展"飞地经济"本质上是通过扩大开放、合作共建园区,实现区域经济协调发展,实现不同行政主体和市场主体的互利共赢。盐城市建设"飞地经济"强市,即要重视传统典型"飞地经济"的发展,又要重视在现代房地产产权多元分离基础上的新"飞地经济"的发展。我市建设"飞地经济"强市要做多方发力,结好"四亲"。一是多结内亲。即对我市境内的所有内"飞地",都要积极倡导联手联合建立联盟,主动对接,合作共建园区。除了上海在大丰区的"飞地"沪属农场,同时,对在我市境内占地超百万亩的江苏省属各类农场,同样必须不失时机开展多种形式的合作共建。市及县(市、区)所属各类"飞地",也要通过合作共建产业园区增强发展动力。二是敢结高亲。即我市到经济发达地区如上海等大城市购置或租赁房地产,与当地合作共建科技、金融证券等各类园区或基地。市科技局牵头在上海成立盐城(上海)国际科创中心,2020年10月华人运通研发的新能源汽车已经结出硕果。盐城经济技术开发区东方公司在上海市创办的金融证券公司时间较短、收益可观。三是甘结穷亲。我市援疆、援藏、对口扶贫地区,除无偿支援以外,可以通过合作共建园区,实行资源优势互补、合作共赢。四是善结远亲。即我市到境外、国外去合作创建"飞地"园区。我市已有多家公司在港澳地区设立窗口,在印尼合作开采矿山,在非洲合作共建农场等等。我市通过"飞地经济"形式走出去,必将赢得投资合作的广阔空间,在共建"一带一路"中作出盐城贡献。

(2020年度盐城市行政管理学会重点研究课题,课题组成员:宋扣明、刘连才、罗强、邵原、何源)

潜移默化　厚积薄发

——射阳开放大学党总支着力提升管理细节力探索

摘要： 彼得·德鲁克是二十世纪国际上最著名的管理学家，被称为"大师中的大师"。他有一句管理学名言："不是最佳选择总比没有选择要好。有效的管理者坚持把重要的事放在前面做，每次只做好一件事。最糟糕的是什么都做，但都只做一点点，这样必将一事无成。"近年来，射阳开放大学党总支始终将开放教育作为学校管理工作的重点来抓，在此基础上，全面推进中职教育、社区教育融合发展，取得了丰硕的成果。射阳开放大学的经验是：潜移默化，厚积薄发。

关键词： 学校管理；开放教育；中职教育；社区教育

近年来，射阳开放大学党总支积极响应党的十九大和习近平总书记系列讲话精神，认真贯彻执行《中华人民共和国乡村振兴促进法》《中华人民共和国家庭教育促进法》《中华人民共和国职业教育法》等文件精神，不断细化目标追求，努力探索办学途径，全力夯实教学质量，取得了一系列成果，先后荣获"江苏省社会教育先进集体"、"全省办学系统招生工作先进集体"、"国家开放大学江苏分部网上教学优秀单位"、"盐城市五四红旗团（工）委"、盐城市"先进基层党组织"等荣誉称号。申报成功省级"养教联动基地"、"长三角市民终身学习体验基地"、"农民画创作体验基地"等一大批优质项目。

一、务实的目标管理

彼得·德鲁克说过："管理者的工作基本点就是完成任务以实现公司目标，指导和控制管理者的是行动目标而不是他的老板。"对一个人而言，目标是绝对不可缺少的。确立了目标的人，在与人竞争时，就等于已经赢了一半。一所学校也需要有明确的目标追求，这就等于有了发展的方向、成功的基点。学校目标管理需要学校的决策层根据面临的形势和社会需要，制定出一定时期内学校日常活动所要达到的总目标,然后层层落实,分解成为下属各部门以至每位教职工的具体目标与保证措施,形成一个以学校办学目标为重心的目标体系。学校管理要把目标完成情况作为考核的依据,促使被管理者用具体目标和自我控制进行自我管理、自我评估。

随着教育的改革与发展,人民群众对优质教育的渴求与期盼越来越高、越来越迫切。面对现代教育的要求和新时代对人才的需求,射阳开放大学党总支一班人经过冷静思考、周密调研,把办学目标定位在"学生有特长、学校有特色"上,并提出了"走精优之路、创艺术特色"的办学之路,即坚持稳扎稳打、做小做精,把为地方经济社会发展服务作为切入口,形成特色教学,做强做优。

拥有具体明确的目标,并坚决围绕既定目标展开具体工作,这就是射阳开放大学成功的经验之所在。

射阳开放大学以其目标管理的多层次、多体系彰显了目标管理的显著优势:

第一,加大硬件投入。为了实现为地方经济发展输送各类有用人才的工作目标,学校加大投入,多方面筹措资金完善硬件设施。建造了专门的功能教室,配备了投影机、计算机、视频展示台等现代化多媒体教学设施,从硬性条件上保证目标得以实施。

第二,强化师生交流。学校实行小班化专业教学,在专业学习时每班学生控制在30人以内,让每个学生在每堂课上都能充分与教师交流对话,不断修正,提高了课堂效果。

第三,提升专业技能。除按音乐、美术、舞蹈分门别类完成考纲要求的技能教学外,学校还聘请校外名师每周增加4课时,学习专业技能,丰富艺术素养。

第四,严格考核评比。学校经常性地组织公开课评审、节目汇演,对各部门科室,各师生员工具体目标的达成情况进行考核评比。

射阳开放大学党总支、校长室围绕目标进行的管理,不是只停留在制度或规划上,而是坚持落实到招生、资源配置、教师责任等各方面,将总目标逐级分解到各个部门和岗位,做到人人有指标、事事有目标,用目标达成度来评价每个部门和教职工的工作,并把目标管理评价结果作为教职工评优、晋级、奖惩的主要依据。

在教育教学实践中,每一位教职工都以这些目标为自我努力的方向和自我约束的基础。这样做增强了教职工的责任感和成就感,充分调动了教职工工作的积极性,并最终确保了学校总目标的全面实现。

射阳开放大学接地气的教学模式,得到了学生、家长和社会的广泛欢迎和赞誉,成了学校的一大品牌,而学校也因此成了射阳县内具有鲜明特色的教学基地。

二、适用的人才培养

俗话说得好:"一人拾柴火不旺,众人拾柴火焰高。"一所学校本身拥有的资源有限,要发展就得吸收和引进社区有益的各种教育资源,特别是人才资源,充实学校教育教学内容,壮大学校的教师队伍,从而提高教书育人的实际水平,培养学生的实践能力、生活能力。

第一,助力乡村振兴发展。

2021年2月26日,射阳县委组织部面向全县村居社区正式发布《关于实施村(社区)干部学历提升计划的通知》,要求2021年实现全县45周岁以下村(社区)"两委"干部大专学历(包含大专在读)达100%,两年内实现全县村(社区)"两委"干部本科及以上学历(包含本科在读)达25%。2021年春学期,射阳开放大学紧紧围绕地方党委政府的重点工作,及时调整办学思路,充分调动学校和社区两个方面的积极性,借助开放教育平台,招收村(居)干部学员121名,其中本科67名、专科54名。2021年秋学期,招收村居干部学员70名。2022年春学期,又招收乡村振兴班学员62名。学校坚持走"在做中学、在学中做"的创新之路,鼓励和指导学员制定符合自身实际的学习目标和学习计划。学校要求村(居)干部学员结合自身工作实际,充分发挥自身优势,既做学员,也做教员,现身说法,现场教学,将接受学历教育与做好本职工作有机地结合起来,既全面提升了学员们的综合素质,又帮助他们确立了终身学习的理念。

第二,更新职业教育理念。

国家十分重视职业本科教育工作,为了使中职学生有更大的提升空间,射阳开放大学于2020年秋学期开始,招生组建了职业高校对口高考班。目前已有高一、高二两个年级的学生在读,学习气氛浓厚,成绩进步明显,有望在职业高校对口单招中取得较好的成绩。

第三,开展思想政治教育。

射阳开放大学地处苏北革命老区,学校利用身边丰富的红色资源,每年清明节组织学生凭吊革命烈士,请老红军、英模代表到学校做报告,组织学生观看相关影片,缅怀先烈、学习英模、激励斗志。组织学生到思想政治教育基地接受思想洗礼、精神淬炼,追忆老区的昨天、感受老区的今天、展望老区的明天,使学生的道德情感在典型的环境中得到升华,弥补校内教育的不足。

第四,架设社区沟通桥梁。

射阳开放大学组织成立了"学校社区教育委员会",并把它作为实现学校与社区沟通的平台。学校聘请政法一线的骨干同志担任学校的法制副校长,邀请社区知名人士及其他具有特殊才能的人士进校演讲,参与教育教学活动。学校还实行开放日制度,举行学生成果展览,为社区了解学校提供途径,使社区群众支持学校办学工作。

三、执着的质量追求

射阳开放大学始终坚持走"抓管理、求质量、促发展"的办学道路,坚持办家长、社会、人民"三方满意"的教育。作为县域内唯一一所开展高等学历教育的地方大学,学校始终把"提高教育质量"放在首位,把"质量孕于教师,源于管理,产生于课堂,收获于学生"作为工作思路,扎实落实教育管理工作。

射阳开放大学立足做好以下几方面工作:

第一,弘扬老校传统,建设书香校园。

学校始创于1980年8月,已有四十多年办学历史,累计为地方培养了三万多名各类人才,活跃在县内外各条战线上,取得了丰硕的成果。射阳开放大学用身边人、身边事激励后来者,经常开展以"崇尚孝道,学会感恩"为主题的班会课展演评比活动,帮助学生重温父母之爱的伟大与无私;组织以"诚心待人,虚心求学"为主题的读书活动,引导学生撰写读书笔记,进行读书交流,努力营造学生成长的肥沃土壤与良好氛围。

第二,优化德育教育,建设诚信校园。

学生是学校的主体,培养和造就他们成才,必须坚持全面的质量标准,帮助他们树立全新的学习观念。学校研究学生成长的规律,着力抓好成人、成功、成才"三线育人"工作。坚持以爱国主义教育为主线,工作阵地化、内容序列化、活动多样化和管理制度化的"一线四化"德育工作方略,让射阳开放大学的各类型学生人人都能体验成功、追求成功,在大大小小的成功过程中主动发展、充分发展、全面发展和全体发展。

学校还以形式多样的教育教学活动为载体,为学生的成人、成功和成才铺就绿色通道。学校紧抓知识迅猛发展、价值追求多元的特点,十分重视学生优良品德的修炼与完美人格的造就,教学内容不再局限于知识的传授与技巧的训练,责任心、求知欲、坚强的意志、灵活的态度、科学的思想、实证的方法,还有思接千载、想落天外的浪漫情怀,悲天悯人、脚踏实地的求实精神,所有这些充满爱心善意的人文关怀,都包括在学校的教育视野之中。这些良好的个性品质的形成,是莘莘学子健康成长的肥沃土壤与不竭动力。

第三,强化教学管理,坚持质量立校。

学校以教学为中心,树立先进的教学理念,创立了"以科学的策略教育学生,以规范的常规培养学生,以缜密的教研教改开发学生,以突出的特色活动激励学生,以独特的学习方法提高学生"的教学工作模式。以学科组小模块为单位,分层教学,因材施教,向常规、向细节、向过程要质量,狠抓基础教学,实现了教学过程的优化。以制度为保障,抓各教学环节的落实。学校还配置了多媒体教学功能机,开通校园网,向现代教育信息技术要效率。

为永葆学校党总支领导班子的先进性、纯洁性,不断提高班子整体素质,党总支确立了每月一次党员集中活动制度,总支班子成员挂钩支部和普通党员,充分发挥党组织和党员的战斗堡垒、先锋模范作用。明确要求领导班子成员坚持代课、当班主任,坚持值日、值周,蹲教研组、包年级、包班,坚持走近教师、走近学生、走进课堂。

近年来,射阳开放大学坚定不移地贯彻"发展就是硬道理"的战略思想,聚精会神抓教育,一心一意谋发展,成为射阳县域教育发展的一支不可忽视的重要力量。良好的教育教学质量与突出的教育质量评价体系,为射阳开放大学赢得了社会的广泛好评及领导的充分肯定。学校党总支被盐城市教育工委、市教育局党委联合表彰为先进基层党组织,连续两年被省社会教育服务指导中心表彰为全省社会教育先进集体,多名师生受到市级以上表彰。

(刊载于《教学与研究》2022年第14期)

社区教育在乡村治理中的实践与思考

——以江苏省盐城市射阳县为例

宋扣明

摘要：党的二十大报告提出，要"全面推进乡村振兴，坚持农业农村优先发展，巩固拓展脱贫攻坚成果，加快建设农业强国，扎实推动乡村产业、人才、文化、生态、组织振兴，全方位夯实粮食安全根基，牢牢守住十八亿亩耕地红线，确保中国人的饭碗牢牢端在自己手中"。之前，中共中央办公厅、国务院办公厅已印发了《关于加强和改进乡村治理的指导意见》。乡村治理现代化，已成为新时代国家治理体系和治理能力现代化的重要内容，同时也是协调推进新型城镇化建设和乡村振兴的战略关键。

社区教育作为乡村治理的"助推器"，已经成为实施乡村振兴战略的重要元素。因此，乡村振兴战略的提出，要求我们重新审视社区教育在乡村治理中的价值，以确保其发展具有明确的价值导向，这样才能真正成为乡村振兴的有机要素与动力源泉。

本课题研究主要立足于社区教育在乡村治理中的作用，分析当前农村社区教育存在的问题，并在此基础上探讨社区教育如何助推乡村治理。

关键词：社区教育；乡村治理；现实状况；对策建议

在我国，社区教育起步不平衡，苏北地区相对较晚，近十年来才逐渐受到重视，随之研究社区教育的活动才日渐增多。实施乡村振兴战略，是党的十九大作出的重大决策部署，之后关于社区教育助力乡村振兴的话题成为热门，与之相关的还有社区教育与脱贫攻坚，社区教育助力精准扶贫等。

乡村是我国经济相对薄弱的环节，乡村振兴战略的实施也显得愈加迫切。2021年4月29日第十三届全国人民代表大会常务委员会第二十八次会议通过了《中华人民共和国乡村振兴促进法》，第一条开宗明义，指出立法的宗旨："为了全面实施乡村振兴战略，促进农业全面升级、农村全面进步、农民全面发展，加快农业农村现代化，全面建设社会主义现代化国家。"国家以立法的形式为乡村振兴战略实施保驾护航,这也是本文研究的政策依据。习近平总书记在2021年"七一"重要讲话中发出了"始终同人民想在一起、干在一起,风雨同舟、同甘共苦"的号召。社区教育服务乡村治理,也是对习近平总书记提出的"两在两同"号召的响应和生动实践。

一、当前农村社区教育的现状

1. 乡村文化建设略显缺失

长期以来,一些基层党委政府仍不同程度地存在着重经济建设轻文化建设的现象,部分村级干部则认为文化建设是上面的事,与村里的工作关系不大等等。虽然绝大部分乡村都建有综合服务中心、残疾人活动室、图书阅览室、书画活动室等,也有固定的管理人员和相应的管理制度,但普遍情况是活动不够日常,个别情况是流于形式,造成资源闲置浪费。射阳县现有十五个镇区,总人口92.46万人,其中乡村人口40.45万人。目前洋马、兴桥、射阳港、射阳经济开发区四个镇区社区教育中心主任空缺,由于没有具体人员负责,一些社区教育活动不能正常进行。

2. 乡村人才储备还有不足

实施乡村振兴战略,人才是关键。但是当前乡村人才建设却面临着后备力量不足、科技人才紧缺、人才流失严重等问题,严重制约着乡村尽快实现振兴的步伐。乡村经济发展相对迟缓、条件较艰苦、工作难度较大,很多人才望而却步,以至于人才层次、人才结构、人才规模等,都未能达到乡村振兴的实际要求,这也是促进乡村振兴必须要解决的问题。2021年,射阳县全县迁入864人,而迁出6 416人,净流出5 552人。在外流的人员中,大多是有文化、有技能、有想法的青壮年。青壮年的大量流出,导致一度出现全省骨干项目招工难的现象。

3. 乡村治理体系不够全面

现阶段,乡村治理仍然面临着诸多问题。

一是乡村治理体系仍不完善,农民缺乏主体地位,农民对村务管理和监督参与存在机会少、难度大现象。二是基层政权和组织的财政来源和基础问题没有从根本上解决,乡村财务状况仍然不良,乡村治理的公益性低。三是国家资源输入的途径主要是直接发放补贴和"项目制",自上而下的资源输入与农民自下而上的需求往往脱节。四是相对于市县机关干部而言,村干部知识水平相对较低,对学习重视不够,学习能力欠缺。

4. 乡村品牌创塑力度不够

当前乡村品牌创塑仍于初级阶段,品牌创塑的深度不够,内容不够丰富,独特性不够鲜明,同质化现象严重,缺乏整体、长远发展的品牌战略。在射阳,一些镇区部门和村居管理服务水平还不到位,管理不够规范,管理人才缺乏,品质化管理不到位。相应的服务保障设施不够,有些地方的硬件设施虽然有了一定的改善,但是软件设施方面还远远不够,品牌建设可以说仍处于初级阶段,这严重制约了农民的收入水平。2021年射阳县城镇居民人均可支配收入为38 522元,而农村居民人均可支配收入仅25 072元。城乡居民收入的落差,也导致了乡村管理的难度加大。

二、当前农村社区教育存在的问题

1. 政府在社区教育中主导作用发挥不充分,社区教育发展时热时冷

早在2000年4月,教育部就发出《关于在部分地区开展社区教育实验工作的通知》,自此各地纷纷出台文件,召开会议,分层推进,逐步落实。随着社区教育实验区、示范区的进一步推进,各地也进一步完善了社区教育管理体制与运行机制。许多农村地区也成立了社区教育工作领导小组,建立了"政府统筹领导、教育部门主管、有关部门配合、社会积极支持、社区自主活动、群众广泛参与"的社区教育管理体制。但在实际运作中,政府在社区教育体制机制建设上依然依赖于教育部门,政府的主导作用没有得到充分发挥。要尽快改变社区教育许多工作由教育部门独立支撑的局面,早日形成齐抓共管、合力推进的氛围,各类社区教育资源整合的步伐必须加快。注重培养社区教育的领军人才,加强社区教育课题的申报研究。目前,射阳县在"江苏学习在线"注册学习的社区居民偏少,社区教育志愿者队伍建设有待加强。

2. 社区教育资源有效性供给不足,职业教育社区化办学成效不够明显

以盐城市射阳县为例,射阳县是一个中高职并存、学校教育与开放教育并举的县份,有射阳开放大学、射阳职业中专校、明达职业技术学院等丰富的职业教育资源。但调查发现,当前职业教育仍以传统的学校教育模式为主,职业院校人才、技术和资源等在服务社区发展中还没有发挥好应有的作用,职业教育社区化办学面临诸多困境,缺乏服务社区建设有效机制。多年来,我们强调职业院校服务社区建设、社会发展,但着眼点往往主要集中在校企合作上,对职业院校服务社区能力建设关注度不够。职业教育社区化没有具体明确的计划,无具体的操作与措施,更没有具体的、接地气的考核机制,缺乏对承

担所在区域社区文化中心、教育中心职能的深层次思考,面向社区居民举办的培训项目课程偏少。

3. 社区居民社区教育意识不均衡,认知度、参与度、满意度有待提高

在相关部门的配合下,笔者对特庸镇红旗村、洋马镇新垦村、临海镇六垛居委会、黄沙港镇黄沙港居委会等4个村(居)的社区居民在文明村镇、文明社区的创建工作中教育培训活动参与情况进行了解(见下表,数据来源于2021年的培训台账资料):

单位	常住人口数(人)	参与活动人数			合计参与数(人)	参与率%
		老年人(60岁以上)	成年人(18～60岁)	青少年(中小学生)		
红旗村	3 067	145	236	46	427	13.9
新垦村	2 946	104	192	76	372	12.6
六垛居委会	3 258	171	253	42	466	14.3
黄沙港居委会	3 024	136	258	21	415	13.7

从上表4个村(居)居民全年参与活动的人数看,老年人、成年人、中小学生参与活动率都不够高。笔者在座谈中进一步了解到,少数前来参与活动的老年人或成年人不是自觉自愿的,而是村组干部一一登门请来的。

三、射阳县社区教育的推进措施

近年来,射阳县委、县政府高度重视社区教育工作,将加快社区教育发展作为推进教育现代化建设的主攻方向,围绕办好人民满意教育的总体部署,坚持补短板、强弱项,持续加强社区教育基础能力和内涵建设,构建起以县社区学院为龙头、镇社区教育中心为骨干、村(居)民学校为基础的三级社区教育网络,形成了"人人皆学、时时能学、处处可学"的浓厚氛围。

1. 发挥开放大学教学平台作用,推动学校的社区教育支持服务于乡村振兴

村居干部作为乡村振兴队伍中的中坚力量,他们的政治水平、整体素质、工作能力和执行力直接关系着乡村振兴战略的实施进程。近年来,疫情防控、乡村振兴等工作任务重、要求高,很多村(社区)干部受困于文化程度和工作能力的限制,心有余而力不足。

作为全县人才培养基地之一的射阳开放大学,也是最贴近村(社区)干部

家门口的大学,充分发挥了自身优势,合理利用开放大学教学平台,全力做好村(社区)干部学历提升工作,为全县乡村振兴提供人才保障。

2. 以社区学院为窗口,开展服务于乡村振兴的各种培训

解决好"三农"问题是全党工作的"重中之重",乡村振兴战略是新时代农业农村工作的总抓手,努力构建以工促农、以城带乡、工农互惠、城乡一体的新型城乡关系,增加农民收入是乡村振兴战略的中心任务。各级开放大学在乡村振兴的伟大实践中不是局外人,而应积极参与其中,积极探索基层开放大学助力乡村振兴实施路径。

近年来,射阳县社区学院充分利用学校教育资源,围绕乡村振兴领域大力开展普通话、育婴师、养老护工等专业技能职业培训。2021年11月25日,社区学院还专门与射阳县委组织部、射阳县委党校、射阳县农业农村局联合开展了"农村基层干部乡村振兴培训班",组织全县201位村支书、各乡镇农业农村局局长、县帮促队成员等共245名同志参加了培训。

3. 打造学习体验基地,加快推进学习型社会建设

建设学习型社会要坚定文化自信,要充分发掘中华传统文化所蕴含的优秀品质,从中华优秀传统文化中汲取智慧和营养;要在新的时代条件下实现传统文化的创造性转化、创新性发展,充分发挥中华优秀传统文化的教育引导作用;要着力解决好教育发展不均衡、不充分的问题,发挥好开放大学文化育人的作用,更好地满足人民群众接受高质量教育的需求,不断提高全民族的文化素质。

作为"构建服务全民终身学习教育体系"的重要实践,2020年以来,射阳开放大学借助开放教育平台,积极探索服务社区教育新模式,充分发挥基层开放大学领军作用,努力探索服务社区教育新路径,取得了显著成绩。相继打造出了"养教联动""游学""优质项目化""学习体验基地"等一系列作用明显的社区教育品牌项目,有力地推动了乡村治理工作。

4. 积极创塑各类乡村振兴建设品牌

射阳县积极发挥15个镇区社区教育中心的作用,组织、引导当地农民和各类经济合作组织打造乡村振兴品牌项目。2022年农民丰收节前夕,布设在射阳县市民中心一楼大厅的"射阳县名优产业产品展示区"琳琅满目,集中展出的射阳大米、洋马菊花、优质桑葚等获国家地理标志商标和区域公用品牌的数十种优质农产品,尽显农业大县射阳"天地人合"之美,展示了现代农业无穷魅力和全县农村改革发展的巨大成就,凸显射阳农民的积极性、主动性、创造性,极大地提升了射阳农民的荣誉感、幸福感、获得感。同时,也增加了

农民的经济收入。

四、社区教育服务乡村治理的对策与建议

1. 切实加强对社区教育工作的组织领导

必须充实社区教育工作领导小组,负责领导和推进全县社区教育工作。强化由党委政府统筹,由民政、人社、财政、教育、科技、宣传等部门联动,社区学院协调的网络机制,共谋社区教育发展。社区教育有着丰富的资源,实质上也是为社区居民提供多样化的"学习资源",使居民"生活场所"性质的社区同时成为"学习场所"性质的社区。射阳县制定下发了《射阳县全民科学素质行动规划实施方案(2021—2025)》和《射阳县推进教育高质量发展三年行动计划(2023—2025)》两份文件,实施农民科学素质提升行动:一是因人制宜培育高素质农民;二是因时制宜开展多频次服务;三是因地制宜健全广范围体系。

2. 合理优化整合各类社区教育资源

社区教育资源并不局限于各种专门机构或各级各类学校,许多非学校化的社区机构也具有"教育"功能,如医院和公园不仅是医疗和休闲场所,而且是健康和生态教育场所。整合社区的教育资源,建立社区教育网络,需要加强各级各类机构之间的沟通,构建全方位的社区教育网络。开发各种社区公共场所的教育功能,使之不仅提供传统的服务,更能为实现现代化社会建设服务,同时充满着知识气息的审美价值。通过借鉴、合作和对话,促使社区教育与外部教育产生密切的沟通与交流。射阳县两办文件明确规定,整合县域社区教育优质资源,推动"15分钟社区教育服务圈"建设,鼓励社会力量通过购买服务等方式提供社区教育服务,到2025年,县、镇(区)、社区(村)三级居民学习圈建设全覆盖,城市居民、农村居民社区教育参与率分别达65%、40%以上。推进省定标准化老年大学建设,培育1所市级老年教育优质校,老年人参加社区教育活动比例达25%。

3. 积极争取社区教育工作的政策激励

射阳县的社区教育起步较早,但仍存在诸多的发展问题和制约因素,需要运用党委政府宏观调控政策加以激励。社区教育带有较强的福利性和公益性,需要有基本的经费投入,需要在政策制定中加强政府财政的经费投入,并切实形成政府主导、多渠道投入的格局。为持续推动社区教育公平发展,需要在政策中明确加强社区教育基础设施建设,将社区教育平台和社区教育

资源形成链接，这样可以提升社区教育基础设施的服务效能，有效满足社区各类群体的多元学习需求。要在已有的1 000万元"尚学·射阳"教育发展基金中，列出专款用于奖励社区教育工作实绩突出的人和事。

4. 强化社区教育工作的目标考核管理

为促进社区教育高效优质发展，促使广大社区教育工作者在今后的工作中弘扬成绩、弥补差距，需要建立社区教育工作联席会议制度，定期研究工作、解决问题、加强协调，同时建立目标责任考核制度和教育评估督查制度，形成"党政统筹领导，教育部门主管，有关部门配合，社会积极支持、社区自主活动、群众广泛参与"的运行机制。结合2022年市对县高质量发展考核指标，迅速配齐配强有关镇区社区教育中心主任，对力量不足的镇区充实精干人员，从而推动全县社区教育工作持续健康发展，为规范乡村治理打造全省沿海发展排头兵作出应有的贡献。

参考文献

[1] 2022年6月编印的《2021射阳统计年鉴》.
[2] 2022年4月13日射政办发〔2022〕24号文件.
[3] 2022年9月8日射办发〔2022〕22号文件.
[4] 《射阳县人民政府办公室关于推进学习型城市建设的实施意见的通知》.
[5] 《关于加强和改进乡村治理的指导意见》.
[6] 《中华人民共和国乡村振兴促进法》.
[7] 《关于在部分地区开展社区教育实验工作的通知》.
[8] 党的二十大报告.
[9] 苏社教指〔2022〕36号《关于公布2022年优质项目化基地立项名单的通知》.

（刊载于《中国教工》2022年第15期）

着力提升教学质量　蓄势赋能乡村振兴

——射阳开放大学党总支提升开放教育教学质量的探索与研究

宋扣明

近年来,射阳开放大学党总支努力提高教学支持服务水平,强化教师队伍建设,搭建师生交流平台,严格教学过程管理等措施提高开放教育教学质量,结合自身实际对办好开放教育进行了探索与研究。

一、多措并举,加强队伍建设

1. 重视团队建设

开放教育教师队伍素质的高低,是影响开放教育教学质量高低的重要因素。开放教育教师要真正实现全面育人的教育目标,其自身必须具有较高的思想、文化和心理素养,要有充实的理论知识和操作技能。我校党总支在选择开放教育班主任和任课教师时,首先注重的是责任心强、业务水平高并了解开放教育特点的教师。我校教师在教学过程中,能够合理利用课程教学平台传授学员学习方法,努力提高学员自学能力,并且根据开放教育的特点,结合所任教课程的教学基本要求,不断对教学内容进行研究,能够真正做到因生制宜、因材施教。

我校校长室为了进一步提高开放教育教师的积极性,每学期都举行开放教育网络课程教学竞赛,进一步推动学校教学改革进程,促进教师专业发展,提高教师教学设计能力,强化网络教学资源在教学中的应用。同时,加大对开放教育教师的培训力度,积极创造条件让更多的开放教育教师通过各种途径到市内外培训、参赛。不断创造机会让我校教师走出去,同东台、阜宁、建湖等开放教育优秀教师开展教学研究与交流活动,进一步提高开放教育教师对开放教育的认识,使教师能专注于开放教育教学工作。近几年来,学校经过不断的挖掘和筛选,培养了一大批具有中高级职称的"双师型"教师,满足了开放教育的教学要求,提高了开放教育的教学质量。

2. 加强师德培训

教师是人类灵魂的工程师，担负着教书育人，传播人类文明，培养合格人才，提高民族素质的重任。教师的知识水平、业务能力、思想道德、心理素质关系着人才的质量与教育的效果。教师只有具备了良好的道德品质，才能更好地教育和影响学生。我们要以身边的优秀教师为榜样加强自身修养，不断学习提高思想认识和道德觉悟，平时严格要求自己，以良好的师德形象为学生树立表率，以自己的人格力量去影响学生，达到教书育人的最高境界。因此，要想成为一名优秀的教师，除了必须以满腔的热情对待事业、对待学生以外，还必须自觉地、高标准地去塑造自身的人格，才能培养出学生健康的人格。

校党总支制定《射阳开放大学关于进一步加强师德师风建设工作的实施意见》，强化对教师的思想道德教育和职业责任意识教育，激发广大教师改善师德师风，争做有理想信念、有道德情操、有扎实知识、有仁爱之心的好老师。坚持把师德师风建设作为教师素质评价的第一标准，严格教师职业行为管理。

3. 开展技能培训

在知识更新日益加快的今天，我们如果不及时补充新知识，掌握新技能，拓展新视野，势必丧失竞争优势。形势迫切需要教师更新专业知识，更新知识结构，拓宽知识视野，提高专业素养和技能。有句话说得好，要想给人一杯水，自己必须有一桶水，而且这一桶水还需不断地增加。因此我们要不断地"充电"，学习和研究先进的教育教学理论，并自觉地运用理论反思自己的教学实践、指导自己的教学活动，在学习中深刻反思、认真消化并付诸实践。我们要养成终身学习的习惯，不放过任何一个学习的机会。要敞开心胸，虚心向他人学习、借鉴教学经验，取长补短，为我所用。要以历次学习为新的起点，不断探索学习提高自己的专业素养和技能，推进开放教育事业。

2020年以来，我校利用每周四下午业务学习的机会，开展了一系列教师教学能力提升培训活动，覆盖全校开放教育本、专科教师，并特别针对开放教育班主任开展专项培训。2021年10月15日下午，我校在学术报告厅举行了首届青蓝工程师徒结对仪式。接下来，全体开放教育教师将以师徒结对的形式，组成师徒互助二人小组，由经验丰富的"师傅"对"徒弟"传授教育教学实战经验，让青年教师尽快成熟起来，实现"以老带新"的目标，着力培养学校教育后备力量。

二、倾听心声,了解学员需求

1. 注重宣传质量

近年来,随着我校办学水平和办学实力的不断提升,学校的社会知名度和影响力不断扩大,吸引了越来越多的社会人员报读我校,学校的招生形势也逐年看好。学校始终坚持抓生源质量,适应多层次、多类别、多学科办学的需要,强化竞争意识、效能意识、市场意识、品牌意识、服务意识,发挥各种优势,动员各方面力量,利用多种手段,建立起了完善、灵活的招生宣传机制。

一是完善常规宣传手段。电话咨询、以生带生、网络咨询等等,这些仍是做好我校招生咨询与宣传的重要渠道。此外,学校还组织招生宣传小组走进相关单位、村(居)进行招生现场宣传,解答有报读意向人员的疑问,收到较好的宣传效果。

二是探索教学管理模式。加快提高教育教学质量,推动教学管理方面的改革,改变了以往学生"混文凭"的思想,使我校有了较浓厚的学习气氛,越来越多的有志青年喜欢报读我校开放教育,促进了我校招生工作的开展。

三是加强与校友的联系。召开校友联谊会,依托我校在南京、盐城等地的知名校友,及时将学校最新发展和最新招生政策通报校友,发挥校友在招生宣传中的作用。

四是积极推动乡村振兴人才培养工作。我校在2020年秋季就开始在村(社区)干部学历提升工作中积极探索,不断创新,组织全体教职员工深入基层,采取"听、访、谈"等方式深入调研,积极开展招生宣传工作。

2. 搭建交流平台

开学初,各个班级都建立了班级学员学习交流微信群、QQ群。教师通过微信、QQ等网络通信工具实行线上课程辅导,针对学员问题在线答疑解惑。学员通过学习交流群交流学习过程中遇到的困难,畅谈学习体会。这样既方便了学员学习,又增强了学员的学习效果。

此外,学校还遴选责任心强、工作能力突出、群众基础较好的学员,在各班组建班委会和课程学习兴趣小组。充分发挥班委会和课程学习兴趣小组作用,引领好学纪学风,形成自助式学习管理模式。学校还在行政管理专业试行建立临时党支部,协助管理本专业学员,进一步发挥党员的先锋模范作用,为开放教育学员管理提供政治引领和组织保障。

3. 促进互知互通

学员代表座谈会是师生交流的重要手段,召开座谈会的目的是倾听开放学员心声,了解开放学员需求,听取学员代表对教学、管理等方面工作的意见和建议,加深学校对开放学员思想、学习、生活等方面情况的了解,为下一步的教育教学工作及其他各项工作的开展奠定坚实的基础。

学员代表座谈会,一直是我校落实"不忘初心、牢记使命"主题教育要求的重要抓手。自2020年以来,学校每年都组织开放教育学员代表座谈会,听取学员们各自在学校学习、生活的感受以及围绕教学管理、课程设置、实践教学和教学环境等方面提出的意见和建议,加强对学员的了解,对人才培养中的问题进行梳理与整改,切实提高开放教育人才培养质量,办好人民满意的教育。

4. 推动亲子共学

为丰富开放学员的业余文化生活,激发阅读兴趣,营造浓厚的学习氛围,引导更多的学员陪伴孩子阅读,引领家庭亲子阅读风尚,营造书香家庭氛围,学校每年都和东台开放大学、阜宁开放大学联合举办"讲好亲子共学故事、促进子女茁壮成长"征文评比活动。充分发挥开放教育"人人皆学、处处能学、时时可学"的特点,营造家庭"亲子共学"的氛围。通过提高父母的学习意识和综合素质,增强言传身教对子女教育的影响,实现在家庭中共学共读共成长,形成"教师引领学员,学员影响家庭,家庭推动社会"的良好的全民学习氛围。

5. 做好精准服务

"送教上门"活动是我校针对不能按时到校参与面授学习的开放学员的教育方式的一次有益探索,体现学校"深入基层、深入学员、为学员服务、为地方经济建设服务"的坚定决心,对了解开放学员需求以及开放教学的改进起到良好的促进作用。

学校每个学期都会对开放学员的学习情况进行调研,对学习困难的开放学员提供优质而贴心的送教上门服务,加深开放学员对开放教育的认识,实现不脱产不离岗,轻轻松松学习,开开心心工作,学习工作两不误的愿望,切实解决部分学员在学习中遇到的种种问题。

此外,学校还不定期邀请江苏开放大学和盐城开放大学的专家来校开设讲座,使学员能够更加深入地了解所学专业,提高了学员的专业认知,增强了学员的专业自信。学校与县总工会联合为学员申报"求学圆梦"资金补助项目,鼓励有学习需求、符合条件的学员参加"求学圆梦"活动。活动开展以来,已累计为 200 多名开放学员申报成功"求学圆梦"补助项目。

三、以生为本,严格过程管理

1. 举办入学辅导

每学期的开学典礼上,班主任都会向本班学员介绍开放教育的学习形式和特点,对学员在学习过程中可能遇到的各种困难进行分析,鼓励学员珍惜学习机会,树立自主学习观念,处理好工学矛盾,按时、高质量地完成各项学习任务。同时,让学员对学校有一个基本的了解,增强他们对学校的归属感,对即将到来的开放课程学习有一个正确的认识,对自己今后的学习有一个合理的定位。

为使新生尽快适应开放教育学习,学校每学期都会组织开展开放教育新生入学指南培训,课程辅导教师主要围绕开放教育教学模式和如何自主学习两个方面对新生进行培训,着重对选课缴费、面授辅导、网上学习、小组交流、形成性考核和终结性考核等各教学环节作详细介绍,帮助学生熟悉开放教育教学、作业、考试的形式与特点,让学生学会利用现代信息技术手段和新媒体进行学习,为顺利完成学业打好基础。

2. 开展教学竞赛

为提高我校开放教育教学质量,确保更有效地为学生自主学习提供支持服务,促进教师网上教学能力的提升,学校每学期都组织开展国家开放大学网上教学竞赛,促使教师对开放教育课程标准有更深的理解,对教学目标、教学重点、难点、教学策略等环节的设计与组合有较科学的把握,教师的基本素质大大提高。

2021年,射阳开放大学开放教育教学质量屡创新高,排名从全市末端迅速跻身全市第二(仅次于东台),国家开放大学网上教学竞赛成绩在全省列前七位(2020年为全省13位、2019年为全省61位)。

3. 辅导毕业论文

本科毕业论文(设计)是教学计划的重要组成部分,是按照教学计划在毕业前必须完成的反映学员综合知识水平和代表学生见解、能力及成果的学术论文,是对学生学习与实践成果的全面总结,是实现培养目标和检验教学质量的关键环节。毕业论文(设计)不仅对所学知识起到深化和提高的作用,也是毕业资格认定的重要依据。

近年来,我校党总支高度重视学员的学位论文指导工作,把提升论文写作质量作为教学质量的一项重要指标来考核。在教学过程中,学校积极鼓励、引导广大学员以获得学士学位为目标,努力学习。认真细致地做好论文写作环节的各项工作,包括选题的申报、材料的收集整理、查重指导修改、反复检查验收等,每一项工作都一丝不苟、精益求精。积极做好学员的学位论文指导等工作,努力提升学员的学业水平及学位获得率。

4. 指导学位英语

学士学位英语统一考试旨在检测开放本科学员的英语知识水平及应用能力。主要考查学员运用语言的能力,重点考查学员的阅读能力、掌握语法结构和词语用法的能力,以及英汉互译的能力,是获得学士学位的基本要求之一,考试合格者在满足其他相关要求基础上即可获得开放大学学士学位。

为进一步提高对学员的学习支持服务水平,想学员之所想,解学员之所需,学校主动作为,面向本科学员定期组织开展学位英语考前辅导,并要求开放教育科高度重视,认真组织,邀请经验丰富的老师担任主讲。通过系统讲解、疑点解答、互动交流、辅导练习、试卷分析等多种形式,帮助学员掌握考试重点和难点内容,及时查缺补漏,提升应试能力。有效提高了学生的应试本领,增强了学生的自信心,缓解了学生的紧张情绪,为学生顺利通过学位英语考试奠定了坚实基础。

四、科学分析,评定教学效果

1. 开展教学反思

教学反思是教师在教学活动结束后,对教学活动过程进行回顾、反思、总结,以期提高自己的教学水平的一种带有研究性质的教学总结活动。作为一名教师,经常性地、习惯性地开展教学反思,对提高自己的教学水平、教学能力意义重大。通过反思,教师可以发现自己教学上的优势和不足,从而有针对性地改进自己的教学,在今后教学中扬长避短、打造自己的独特的教学风格。

开放教育面对的教学对象与普通教育教学面对对象有着很大的区别,他们大都是在职工作人员,有事业、有家庭、更有进取心,这种开放性教育更适合他们的具体情况。因此结合实际情况分析研究和探索开放教育下的教学方法,寻求最佳的教学模式,处理好工学矛盾、家学矛盾,对教学效果的提升具有十分重要的现实意义。

我校一直将教学反思作为一项教学制度来抓,要求教师针对自己的教学工作积极开展教学反思。每个月的网上教学竞赛结束以后,学校都会组织参赛教师开展教学反思活动。活动对每一位参赛者的教学行为和教学效果作出客观、科学的评价,指导教师从评价和反思中改善教学行为、改进教学方法。

2. 回访开放学员

对开放教育学员进行回访,可以了解开放教育的教学效果,并对学员后期专业发展进行指导,有效提升学校的教学服务水平,对后期开放教育的招生工作起到一定的促进作用。

为进一步保证开放教育教学的质量,深入了解学员学习效果,学校统一组织,由校领导、开放教育科和相关班主任共同组成回访工作小组,定期对开放学员展开回访、会谈工作。回访工作始终遵循及时、有效、针对性强的原则,坚持回访与服务、回访与答疑、回访与规范相结合。

通过跟踪回访,首先,学校向开放学员了解了他们的学习效果;其次,学校征求了开放学员对于学校开放教育的意见和建议,不断改进学校的开放教育教学工作;第三,学校了解了开放学员对学校潜在生源的辐射带动作用。

3. 举行毕业典礼

学位是标志被授予者的受教育程度和学术水平达到规定标准的学术称号。有没有学士学位对毕业生进一步求职和进步有重大影响。

学校每个学期都会举行开放学员毕业典礼暨学士学位授予仪式,促进学校本科教学质量和人才培养的能力与水平的提升。2022年6月18日上午,江苏开放大学举行了21年秋和22年春毕业典礼暨学位授予仪式,全省两批共408名学员获得学士学位,我校就有19位学员获得了学士学位,占到了全省总数的近5%。

提升教育教学质量一直是开放教育发展的生命线,同时也是实现开放教育可持续发展的重要保障。近年来,射阳开放大学党总支一直将"以质量求生存,以质量求发展"作为推进学校高质量发展的重点工作来抓,不断推进开放教育改革探索与创新实践,为地方经济建设培养更多的应用型人才,有力地助推了乡村振兴。

(刊载于《中国教师》2022年第15期)

致力打造开放大学开放学员思政教育县域示范

宋扣明

摘　要：基层开放大学在贯彻落实课程思政教学改革的过程中,应该努力抓住课程思政育人的目标,在面广量大的开放教育学员中,树立正确的政治理想和政治道德,培养对党和国家、社会主义事业忠诚可靠的应用型、适用型人才。近年来,射阳开放大学党总支以国家开放大学思政课程建设为契机,以提升学校支持服务学员水平为切入点,将思想政治工作贯穿人才培养全过程,努力推动构建以学习者为中心的"大思政"工作格局,为打造"三全育人"新高地赋能助力。

关键词：课程思政;服务水平;人才培养;三全育人

近年来,射阳开放大学党政领导班子深入学习贯彻习近平新时代中国特色社会主义思想,落实立德树人根本任务,坚持和加强党的全面领导,聚焦"培养什么人、怎样培养人、为谁培养人"这一根本问题,锚定争创全国先进基层开放大学的工作目标,落实主体责任,加强顶层设计,制订实施方案,采取多项举措,创新方式方法,拓展思政育人路径,将课程思政建设融入学科体系建设、服务体系建设、文化体系建设等过程,建设成效明显。

一、构建协同育人体系

近年来,射阳开放大学以思政塑课程,在课程中见思政,充分发挥思政育人的功能,把社会主义核心价值观和实现中华民族伟大复兴的理想与责任,与课程教学内容融合,实现价值引领、知识传授和能力培养"三位一体";把中华民族优秀传统文化、社会主义先进文化与课堂教学深度融合,全方位育人。

1. 强化政治素养教育

政治素养教育的主要目的就是培养开放学员的综合素养,让各类岗位上的学员拥有强烈的社会责任感,有担当,有作为,有爱国主义精神。在具体思政课教学过程中,思政课教学模式也得到进一步的转变。课程不仅要让学员学会相关的理论知识,还要引导学员对社会进行进一步的了解,与社会实践深入接触,组织学员积极参与到公共生活当中;在一定程度上培养学员的公民意识、热爱祖国的责任担当等素养。

射阳开放大学在思政课程建设中,按照上级要求,专门开设了"毛泽东思想和中国特色社会主义理论体系概论""思想道德修养与法律基础""中国近现代史纲要""形势与政策"等课程。教学过程以习近平新时代中国特色社会主义思想为重点,全面解读党在新时代的基本理论、基本路线、基本方针;使学员掌握社会主义核心价值观、道德与法治建设方面的基本理论和基本知识,了解爱国主义、理想信念等的科学含义以及社会主义道德建设的核心内容;引导学员树立正确的世界观、人生观、价值观和科学的历史观;进一步提升学员运用马克思主义立场、观点和方法认识问题、分析问题和解决问题的能力;促进学员进一步增强以实际行动为中国特色社会主义事业和中国梦作贡献的主动性和自觉性。

2. 推进专业素养教育

射阳开放大学在每周例行的教师业务学习会上都会对各位专业课老师进行思想政治教育方面的培训,并要求专业课老师熟练掌握社会主义核心价值观、道德与法治建设方面的基本理论和基本知识,善于运用专业课程中关于社会、文化等的内容解释本专业课程的教学问题;要求专业课老师在实际教学中体现出思想教育的内容,提升专业课授课的思想性和趣味性,从而增强专业课的说服力。

学校每学期都会组织开展课程学习兴趣小组研讨活动,定期邀请学员代表参加学校的文艺汇演,以系统化的学习和多元化的活动为载体,传递和弘扬社会主义核心价值观。以提高学员文化素养为突破口,将中华民族优秀传统文化融入教育教学过程中,构建立体化文化艺术素养培育体系。2021 年 6 月,学校全体教师和部分学员在庆祝建党 100 周年的系列活动中,将"红色文化"积极融入自己的参赛节目中,荣获国家开放大学授予的全省唯一的基层开放大学优秀奖。

3. 注重岗位素养教育

射阳开放大学以文化教育为主体,不断强化职业技能的训练,并主动将思想政治教育融入专业岗位能力的培养过程中,增强学生就业竞争力与可持续发展能力。近年来,学校在充分开展调研的基础上,结合县经济快速发展对相关人才的需要,优化专业设置,狠抓教学过程管理,先后有多名教师荣获江苏开放大学和国家开放大学优秀指导老师称号。

为贯彻落实习近平新时代中国特色社会主义思想和习近平总书记关于推动乡村振兴的重要指示精神,加快推动射阳县乡村振兴人才培养,2020年初,学校成立乡村振兴人才培养工作调研小组,在村(社区)干部学历提升工作中积极探索,深入调研,在全省办学系统率先主动对接县委组织部商讨学历提升方案,着力谋划村(社区)干部学历提升工作,获得县委组织部的大力支持。2021年2月26日,射阳县委组织部面向全县村(社区)干部正式发布《关于实施村(社区)干部学历提升计划的通知》,学校负责为射阳地方乡村人才提供多层次、多形式、多样化的教育服务,培养学员敬业乐业的精神、诚实友善的品质、认真踏实的工作态度,更好地为射阳地方经济发展服务。

4. 重视人文素养教育

近年来,射阳开放大学充分发挥课程育人的主渠道作用,所有任课老师始终坚持立德树人根本任务,将社会主义核心价值观教育贯穿在课程教学中,对学员进行系统的人文素养教育,把价值引领、知识传授、能力培养有机统一起来,推进全员、全程、全方位育人,当好学员健康成长的指导者和引路人。

学校每学期都会举行开学典礼和毕业典礼,增强学员对学校的文化认同、使命认同和情感认同;不定期邀请知名校友来校参加座谈活动,深入挖掘学校的办学历史和文化内涵;积极开展各种专题教育活动,聘请县红十字会、公安、教育等部门的资深专业人员来校开展相应的专题讲座,涉及消防安全教育、法治教育、心理健康教育、青春期自护教育等方面的内容,增强学员的安全防范意识和自我保护能力;积极组织学员开展志愿服务活动,定期举行"讲好亲子共学故事、促进子女茁壮成长"论文竞赛评比活动,促进学员良好品德的形成和文化修养的提高。

二、强化服务育人功能

射阳开放大学紧扣立德树人的根本任务,坚持围绕学员、服务学员,以深入推进"三全育人"综合改革为契机,把解决思想问题和解决实际问题相结合,不断提升学习支持服务、优化学生资助服务、推进心理健康服务、创新就业指导服务,构建完善服务育人体系,努力在优质贴心的服务中实现对学员的教育引导,增强服务育人实效。

1. 提升学习支持服务

射阳开放大学在每学期的开学之初,都会对新生进行在线学习技能培训。学员因地制宜学习掌握网络学习平台的登录、学习、发帖、作业和考核等基本技能,熟悉班级日常管理关键节点注意事项。同时,依托班主任和辅导教师建立个性化学习支持沟通机制,随时解决学生学习过程中遇到的困难。通过划分学习小组、建立班委会和临时党支部等方式,提高学生互助协作学习效率。

在课程教学过程中,射阳开放大学坚持以学生个性化需求为本位,从知识传授向技能提升转变,从理论教学向实践教学转型,推进混合式教学,满足学生多元化、个性化学习需求,培养学生立足岗位、终身学习、务实创新、服务地方经济发展的就业观和发展观。学校开放教育科、学务导师、课程导师"三位一体",立体式、全方位地为学员提供完善的学习支持服务,紧紧围绕导学、助学、服务、管理等职责,各司其职,各尽其责,支持和保障学员更好地完成学习任务,不断提高学习支持服务的水平和质量。

2. 优化学生资助服务

学校每学期在招生报名阶段都联合县总工会对经济困难学员开展学习资助服务,同时不定期组织党员干部赴学员家庭、社区开展调研活动,积极帮助学习困难学员申请"求学圆梦行动"项目奖补资金,资助县达到报名条件的企业职工进行学历提升,圆大学梦,有力推进了县产业工人队伍建设改革,助推县乡村振兴和社会经济发展。

此外,学校还为乡村振兴班学员专门制定了"关于促进村(社区)干部学历提升的十条激励措施",积极帮助学员申报相关支农的项目、课题,并为其配备经验丰富的师资队伍,充分发挥其在带领技艺传承、带强产业发展、带动群众致富等方面的重要作用,引导帮助符合条件的村(社区)干部积极申报"乡土人才"职称。学校还对按期毕业的专科学员一次性奖励1 000元,对按期毕业的本科学员一次性奖励2 000元。

3. 推进心理健康服务

近年来,受新冠疫情的冲击和国际经济下行影响,学校部分开放教育学员的经济压力和生活压力倍增,他们大都肩负着更多的家庭、社会和工作责任,工作、生活、学习的多个角色甚至是多种压力使他们更容易产生心理困惑和思想迷茫。针对这部分开放教育学员,学校专门为他们科学制订心理服务工作预案,邀请心理咨询专家为他们开设"舒缓压力"等辅导讲座,同时免费为他们开放学校的团辅室、个辅室、宣泄室等心理辅导场所,帮助他们调整心理不适,排解心理压力,预防心理疾病。

学校还建立了"心灵惠语"微信公众号,面向全校开放教育学员实时推送心理健康安全知识,为开放教育学员开展全方位心理健康教育,并向有需求的学员提供心理咨询和心理辅导,使开放教育学员掌握心理健康基本常识,帮助学员树立心理健康意识,增强心理调适能力和社会适应能力,营造"人人关注心理健康、全员参与心理维护"的浓厚氛围。

4. 创新就业指导服务

2021年6月和7月,射阳开放大学分别在盐城和南京等地挂牌成立"射阳开放大学驻盐校友联络处""射阳开放大学驻宁校友联络处",不断加强和完善校友工作运行机制、服务机制和保障机制,加强与知名校友的沟通和联系。同时,不定期将知名校友请回学校,走进课堂,与学校在读学员分享他们在职场的经验教训及行业发展趋势,指导学员树立正确的就业观,帮助学员进行职业规划,充分发挥校友资源在促进学员就业创业工作中的积极作用。

学校还不定期邀请学员代表来校开展创业就业研讨活动,有针对性地开展创新创业培训,提高学员创新创业意识和能力,面向具备较高职业技能和发展潜力、具有较强职业发展需求和自主创新意愿的学员(尤其是乡村振兴人才),开展立足岗位的创新培训;面向有创业意愿的学员,开展以创业意识教育、创业项目指导和企业经营管理为主的创业培训;面向有返乡创业意愿的学员,开展针对性技术培训。

三、强化文化育人功能

近年来,射阳开放大学不断加强校园文化建设,严格落实"三全育人"要求,注重对优秀传统文化、优良文化经验的挖掘、总结与提炼,注重提升校园文化内涵,丰富文化活动形式,进一步发挥校园文化建设在文化引领、思想熏陶、能力提升等方面的重要作用。

1. 创新文化建设载体

射阳开放大学针对以往开放教育学员接受校园文化启迪熏陶的时间少、参与度低、实效性差,对学校的认同感和归属感不高等特点,与时俱进,主动创新,积极适应学员和时代的需求,有效应用并不断拓展校园文化建设载体。学校结合党史教育实践活动组织开放教育学员观看红色教育影片、参观中共华中工委纪念地、淮海军垦纪念馆、发鸿社区党史展览馆,推进革命文化教育进校园。

此外，学校还邀请抗美援朝老同志来校开展主题报告会，听老同志讲述中国共产党走过的百年辉煌历程，讲述百年来一代又一代中国共产党人无私奉献、顽强奋斗的历史故事。利用宣传栏、微信公众号等多渠道传播社会主义核心价值观，引导开放教育学员增强价值认同、使命认同和情感认同，树立富强、民主、文明、和谐的价值目标，树立自由、平等、公正、法治的价值取向，树立爱国、敬业、诚信、友善的价值准则。

2. 提升校园文化内涵

三年来，射阳开放大学努力加强自身形象设计，积极推进校风、教风、学风建设。2020年，学校为更好地展示学校形象，扩大办学影响力，在师生、校友、专家中广泛征求意见，设计出了体现学校办学宗旨、办学特色和人文底蕴的主题LOGO。2021年，学校为重构高质量校园文化，促进学校内涵发展，展现学校品牌形象，设计出了图案新颖、主题突出的校徽，将学校的精神和理念具体化、形象化，增强了师生的自信心、自豪感和凝聚力。

学校还采取了切实可行的措施，全方位培育优良学风。建立学校、家庭、学员等共同参与的教学质量监控与评价体系，建立和完善定期教学检查和定期质量评价评估等制度。强化学习过程管理，改革考试评价方式，完善体系办学规范管理的体制机制。突出服务全民学习、终身学习特色，建设规范办学的制度文化、守正创新的精神文化、文明健康的网络文化、严谨治学的教学文化、敬业守责的行为文化、格调高雅的环境文化，推动文化建设不断取得新的进展，高层次、高水平、高质量推动射阳开放大学内涵建设。

3. 搭建文化交流平台

近年来，射阳开放大学通过积极开展与上级开放大学和兄弟开放大学之间的交流活动来增加合作学习的机会。先后多次组织师生赴江苏开放大学和盐城开放大学参加教学研讨活动，多次联合东台开放大学、阜宁开放大学开展主题文化交流活动，加强彼此间的工作往来和交流，相互借鉴好经验、好做法，进一步促进学校之间在文化和学术上的交流和合作，不断提升学校思政教育水平。

学校还积极主动与射阳县融媒体中心，射阳县文化馆，射阳国投集团、旅投集团等单位开展合作，深入挖掘传统文化的时代内涵，不断推进传统文化保护与传承，积极打造具有射阳特色的文化交流平台，实现资源优势互补。先后多次联合县文化馆和县融媒体中心开展"送戏下乡"活动，不断提升开放教育学员的认同感和自豪感，提高开放教育学员的自我管理、自我教育和自我服务能力。

4. 丰富文化活动形式

射阳开放大学高度重视开放教育学员人文素质的培养。在学校校本教材《桃李春风》一书中专门编写了"校园文化"栏目，收集了学校开展的趣味运动会、团建活动、文艺汇演、校园文化艺术节、主题演讲比赛等多项文艺活动。学校每个学期都会针对开放教育学员的特点，组织丰富多彩的校园文化活动，丰富文化活动形式，使这些文化活动有了抓手，真正落到了实处，形成了学校的靓丽特色。

学校还利用重大节庆日和纪念日开展主题教育，唱响爱国主义、集体主义、社会主义主旋律。制订活动方案和实施计划，加大宣传教育力度，认真组织实施，着力引导全校师生积极参与，用优美的校园环境激发学员的爱校热情，陶冶学员关爱自然、关爱社会、关爱他人的良好道德情操。充分发挥庆五一、迎五四、庆元旦、迎新年等活动的特殊教育功能，激励开放教育学员勤奋向上，求实创新。

参考文献

[1] 李晓红,郭凤臣,邹石杨."课程思政"教材编写中思政元素选取与融入——以《大学生艺术摄影》课程教材编写为例[J].吉林工程技术师范学院学报,2022,38(11):55-59.

[2] 崔宝霞,陈小娟.《工程经济学》课程思政教学改革设想[J].当代教育实践与教学研究,2019(22):59-60.

[3] 赵艾凤.财政学课程思政改革的路径分析[J].西部素质教育,2018,4(19):61.

[4] 王羽菲,祁占勇.新中国成立70年来我国农民职业教育培训的嬗变轨迹——基于政策与法律文本的分析[J].职业技术教育,2019,40(36):19-28.

[5] 许正刚,刘佳丽.以"大思政"理念构筑铸魂育人新格局——内蒙古开放大学马克思主义学院建设纪实[J].在线学习,2022(3):72-74.

[6] 张永红.高校成教大学生心理健康若干问题探析[J].教育探索,2008(11):120-121.

[7] 王玉彬.关于高校成教大学生心理健康教育问题的初探[J].大家,2012(10):2.

（刊载于《教育学文摘》2023年第1期）

发挥兵头将尾作用　赋能学校事业发展
——射阳开放大学抓好队伍建设的创新探索

宋扣明

摘　要：习近平总书记在党的二十大报告中指出：新时代的伟大成就是党和人民一道拼出来、干出来、奋斗出来的！无职党员、优秀师生代表以及学生干部，是学校各项工作中的有机组成部分，是学校管理工作中的"兵头将尾"，也是学校高质量发展的基础和立足点。

陶行知对传统教学方式进行了尖锐的批判，称其为教师"教死书，死教书，教书死"，学生"读死书，死读书，读书死"。经过长期探索和实践，他提出"教学做合一"的教学论主张，认为这才是通过教学培养学生社会生活、生产和创造能力的途径。

本文以江苏省射阳开放大学的教学管理实践为出发点，在新时代践行陶行知生活教育理论，提出打造一支具有较高执行力的"兵头将尾"队伍，发挥"兵头将尾"的表率与支撑作用，探索"兵头将尾"群体对学校高质量发展具有的深远意义。

关键词：高质量发展；兵头将尾；表率作用；教学管理

一、坚持党建引领，充分发挥无职党员的先锋模范作用

什么是"教学做合一"呢？它的含义是，教的方法根据学的方法；学的方法根据做的方法。事怎样做便怎样学，怎样学便怎样教。教与学都以做为中心。在做上教的是先生，在做上学的是学生。这样，在陶行知的教学论思想中，不仅教师的教和学生的学是相互联系相互转化的整体，而且明确指出了联系教和学的纽带、评价教和学的标准是"做"。

党员是党的活动主体，党的先进性要靠普通党员的模范性来体现。教师是"人类灵魂的工程师"，从事着太阳底下最光辉的事业。三年多来，学校党

总支始终坚持强化无职党员的思想政治教育,让无职党员感到温暖和自豪。目前,我校有在职在岗党员30人,其中无职党员7人,在学校的日常教育教学工作中,处处能看到他们忙碌的身影,所有党员教师都能做到刻苦钻研、勇挑重担,吃苦在前、享受在后,克己奉公、为人师表,给普通教师树立了榜样,发挥了共产党员的先锋模范作用。

1. 变无职为有责

学校每年都和无职党员签订"党风廉政建设责任状",各位无职党员都能够认真研读责任状内容并郑重签订。通过"党风廉政建设责任状"的签订,充分发挥我校无职党员的模范带头作用,牢固树立党员先进性意识,全心全意为学校教育教学工作服务,使我校无职党员做到认识到位、任务到位、责任到位,使无职党员明确职责,自觉参与学校的思想引领、教育、教学、纪律监督等全方面管理工作,在工作和生活中以优秀的共产党员标准来严格要求自己,在服务学校事业发展的同时提升自我。

2. 变无位为有为

近年来,学校高度重视无职党员志愿者服务工作,将其作为培育和践行社会主义核心价值观的重要抓手,广泛开展志愿服务活动,逐步推动志愿服务活动常态化。围绕智慧助老、创文服务、社会公益等领域,相继组织开展了"老年人智能手机使用培训""防诈骗知识培训""新时代文明实践主题活动"等无职党员志愿服务活动,传递了志愿服务理念,弘扬了志愿服务精神,进一步强化我校无职党员的党性观念,增强学校党总支的凝聚力、向心力和战斗力,为学校高质量发展作出积极贡献。

3. 变挑战为机遇

大事难事见担当,危难时刻显本色。在新冠肺炎疫情防控的特殊时期,学校党总支提前做好各项工作预案,在确保学校各项疫情防控工作到位的前提下,加强谋划思考,加强工作研究,科学制订应对预案。学校所有党员志愿者积极响应射阳县委县政府号召,积极主动要求到防控一线工作,部分无职党员根据防控需求,主动到县隔离点参加志愿服务,往往一去就是一个多月时间,用实际行动践行初心使命,用责任担当守护群众健康,为群众的健康安全保驾护航,让党旗高高飘扬在群众最需要的地方。

二、坚持以身作则,充分发挥学生干部的榜样引导作用

学生干部是学校和学生之间的重要桥梁与纽带,是学生管理工作顺利开

展的得力助手,是保证学生成长成才的具体组织者、协调者。加强学生干部的培养,充分发挥学生干部的榜样引导作用,不仅有利于学生干部自身素质的提升,还有利于对其他同学的带动辐射,从而形成你追我赶的学习氛围,使学生管理工作起到事半功倍的效果。

1. 树立服务奉献意识

"树立服务奉献意识"一直是我校学生干部培训工作的重点。学校每个学期都会举办以"提高责任意识、提升管理水平"为主题的学生干部培训班,专门邀请县内外的学生管理专家来校担任主讲人,学校党政主要负责人专门抽出时间全程参加培训工作。培训工作对参训学生干部提出要求:希望学生干部要有服务集体、奉献自我、积极向上的心态,在工作中能保持热忱之心,更好地服务他人,提升自我价值;要有志存高远的目标、积极拼搏的精神和脚踏实地的态度,努力提高自己的工作能力;要善于处理好各种关系,做到工作、学习两不误。通过一系列培训,加强学生干部队伍的凝聚力、战斗力,树立全方位服务意识。

2. 提升应急处理能力

多年来,学校始终将校园安全工作放在学校各项工作的首位,为持续深化学生干部的安全意识以及应急处理能力,学校每个月都会有计划地开展应急救护知识培训和消防演习活动,内容涵盖应急救护知识现场实操培训、应急避险演练、应急疏散演练和自救互救演练等。通过学生干部带动全体同学提高应对地震、火警、暴力伤害等突发性事件的能力,掌握自救互救和逃生的本领,为打造平安校园、和谐校园奠定坚实的基础。

3. 强化日常管理考核

三年多来,学校积极创新工作思路,制定出台《射阳开放大学学生干部日常管理考核办法》,将考核作为加强学生干部日常管理的有力抓手,推动学生干部队伍建设,不断促进学生干部管理的规范化、正规化、标准化。每个学期都对全校各级学生干部(包括班委会、团委会和学生会干部)进行考核,并根据考核结果评选出优秀学生会干部、优秀团干部和优秀班干部。通过考核,学生干部会更加严格要求自己,也使学生管理工作向科学化、规范化、制度化的方向迈进。

4. 关注学生心理健康

学校建立了以校长为组长、其他班子成员为副组长的学校心理健康教育工作领导小组,统筹协调学校心理健康教育工作。同时,不定期召开学生心理健康教育专题会议,研究部署学生心理健康教育工作。通过召开学生趣味运动会、文艺演出、学生干部茶话会等形式,不断增强学生生命安全意识,提高心理调适能力,提升学生幸福指数及对学校的认同感、归属感。每个班级配备一名心理委员,定期组织对学生干部和心理委员的培训,建立朋辈辅导机制,将心理健康教育贯穿于教育教学全过程。健全个案辅导室、团辅活动室和宣泄室等场所的建设,常态化开展心理咨询服务。建立"心灵惠语"微信公众号,定期向学生、教师和家长推送各学段学生心理健康知识和方法以及家庭教育的理念与技巧等内容,为开展心理健康教育提供真实可靠的平台。

三、坚持务实创新,充分发挥优秀学员的典型表率作用

开放教育是我校的主责主业,而学员是一群特殊的学生,他们的学习以自主学习为主,往往缺乏归属感和良好的学习环境及学习氛围。因此,选择一些积极热心、善于交际、有较好的学习态度和较强的组织协调能力的学员担任班级干部,组建临时党支部和学习兴趣小组等组织,充分发挥优秀学员的典型示范作用,有利于创造积极的学习氛围,提高学员的学习质量,提升开放教育的教学效率和办学水平。

1. 总结提炼经验

三年多来,我校的开放教育始终树立以学生为中心的教学理念,突出学员的学习支持服务。每学期定期召开优秀学员代表座谈会,共同界定学习过程中遇到的问题,分析问题产生的原因,研讨解决问题的对策,为学员总结学习新理念、新思路、新方法,指明方向。

开放学员班干部将自己在学习和工作中的经验与大家分享,共同提炼优秀做法、总结典型成效,将所学知识合理应用到工作实践中,做到理论联系实际,学用结合,不断提升工作成效。

2. 发扬奉献精神

学习兴趣小组、班委会和临时党支部是目前我校积极倡导、大力推行的一种有效的学习组织形式。目前,学校在各个班级建立班委会,同一门课程每十名左右学员建立课程学习兴趣小组,每一个较大的专业建立临时党支部。遴选一些有奉献精神和协调能力的学员担任学习兴趣小组组长。借助小组学习活动的有效开展,创造积极的学习氛围和环境。不定期开展小组学习活动,营造出互相支持、互相鼓励、互相促进的学习氛围。

3. 严格制度执行

开放教育想要获得优秀教学质量就必须以良好的教学秩序为基础,良好

的教学秩序又来自严格的管理,而严格的管理又主要是对人的管理。为此,我校以加强对开放教育条线人员管理,特别是对开放学员的管理为核心,确定了加强学风、教风、校风建设的管理路径,千方百计为开放教育的教学质量的提升创造良好的氛围。学校每个学期都会举行新生开学典礼,邀请学员代表和教师代表进行表态发言,要求各位老师严格执行学历教育政策法规,强化学员的学习管理、考试管理,切实规范学员的学习行为,同时维护学员的合法权益,为我校开放教育的高质量发展奠定良好的基础。

4. 加强意识培养

为进一步强化思想引领、弘扬践行正能量,对建立临时党支部专业的学员,利用学校党总支党日集中活动的机会邀请党员学员前往我校的思想政治教育基地开展调研学习,使学员经常受到思想政治教育,做到政治坚定、思想常新。特别是我校的乡村振兴班学员,大都是各村(社区)的党员干部,学校不定期组织他们参加社会实践活动,学员们互相考察所在村(社区)致富项目,通过实地察看、听先进经验报告、相互探讨工作模式,深度交流学习,受益匪浅,坚定了扎实推进美丽乡村建设的信心与决心。

四、坚持以人为本,充分发挥资深教师的示范带动作用

我校的老年教育尚处于起步阶段,师资力量较为薄弱,大部分青年教师由于缺乏多层次、多渠道、多样化的老年教育培训,对老年教育比较陌生。因此,建设一支富有专业知识、学识水平,具备教学能力,具有奉献精神、师德风范,彰显人格魅力,怀有爱老情结、表现亲和的精良教师队伍就显得尤为重要。我校办学时间较长,部分同志从教已有三四十年,具有丰富的专业知识和优秀的人格魅力,遴选这些资深教师从事我校的老年教育工作,动员他们担任老年课程班的班主任和任课老师,让他们的吃苦精神、奉献精神、钻研精神继续影响一批人,带动一批人,为我校的老年教育持续发展打下坚实的师资基础。

1. 精心部署日常教学工作

学校始终坚持以人为本的办学理念,积极回应老年学员的期盼与需要,不断满足老年学员的精神文化需求。班主任在每次招生报名结束后,都及时将学员报名表分类、分班整理,准确掌握每位学员的报名、学习情况,对那些文化层次较高又有专业特长的老年学员进行超前指导,引导他们进行研讨式的学习,灵活掌握教学进度和教学内容。班主任老师在开学前都认真调研,

将综合素质较好、组织能力较强的学员选为课代表或者组织委员,负责老师和学员之间的沟通交流,及时将学员对老师的教学建议告知任课老师,任课老师结合学员建议,认真完善教学计划,根据学员的学习掌握情况,有计划地进行教学。

2. 深入开展志愿服务活动

家校矛盾是学校办学过程中绕不开的话题,我校部分资深教师已经任教多年,在从教过程中经历和处理过多次家校矛盾,积累了许多应对策略和经验体会,从教生涯可谓是桃李芬芳,在各行各业、各条战线上,都有着丰富的人脉资源。他们在工作之余,充分利用自身的资源优势,借助丰富的人脉关系,志愿参与矛盾调解,巧妙化解家校矛盾,畅通家校沟通渠道。此外,学校还邀请他们积极参与到学校的项目建设、教学研讨、学生管理等工作中来,用他们的经验和人脉服务学校的高质量发展。

3. 巩固提升青蓝工程效果

青年教师是学校发展的未来和希望,他们的思想政治和业务素质直接关系到学校的发展前景。资深教师的业务能力和敬业精神,都是青年教师学习的楷模,他们有着丰富的课堂教学经验,以及和学员沟通交流的方法。我校自2021年10月新一届青蓝工程启动以来,先后有16名老师以师徒结对的形式,组成师徒互助二人小组,经验丰富的"师傅"充分发挥传帮带作用,用自己多年的工作经验来指导青年教师教学工作和学生管理工作,让青年教师尽快成熟起来,实现"以老带新"的目标。青蓝工程项目的实施,全面提高了我校青年教师综合素质和业务能力,全方位提升了我校的办学水平。

参考文献

[1] 施春宝."明星党员"引领核心价值观建设的探索与实践[J].上海教育,2020(19):130-131.

[2] 邱化民.加强教师党支部和党员队伍建设[J].教学管理与教育研究,2018(5):15-20.

[3] 徐丽杰,韩旭.树立"六观"教育理念 实现课业和心理"双减负"[J].辽宁教育,2022(2):9-11.

[4] 赵丹丹,曹丽.新形势下高校学生干部培养模式的探索与研究[J].华章,2012(32):123+125.

[5] 张广周.浅谈现代远程开放教育学习小组的管理[J].江苏广播电视大学学报,2001.

第二章

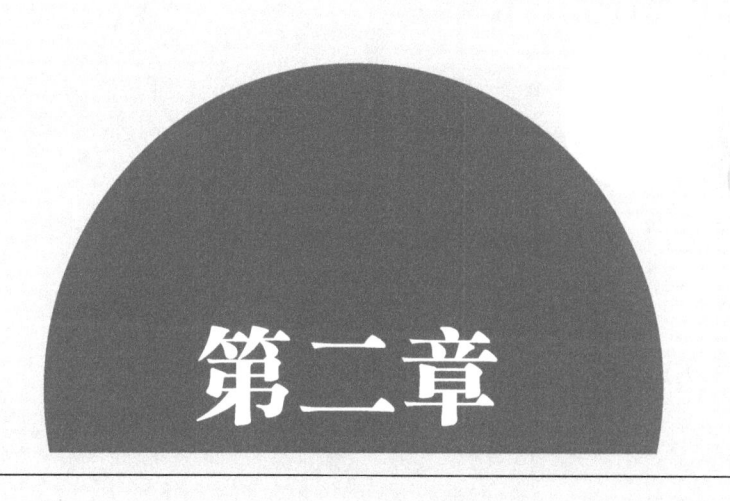

谈学说教

峥嵘四十载　再启新征程
为开创射阳开放大学高质量发展新局面而不懈努力

——在赴任射阳开放大学校长时的表态发言

(2019年11月11日)

尊敬的各位领导、同志们：

刚才，县领导宣读了任命决定，同时又提了具体的工作要求。我表示坚决拥护和服从县委、县政府的决定。面对新岗位、新目标、新期待，我作表态发言如下：

一、倍加珍惜组织的关心与厚爱

上午，县委唐书记、县政府吴县长、县委组织部田部长三位领导找我谈话，肯定了我过去工作上取得的成绩，又对新岗位的工作目标提出了明确要求。在这里，我要感谢县委、县政府领导对我本人政治品质和业务素养方面的信任，安排我到开放大学任职，从事教育领域的工作，为我搭建了新的发展平台。这为我增加阅历、磨炼意志、提升修养创造了有利条件。

二、倍加珍惜与教育行业各位同志共事的缘分

因为国家实行盐业体制改革，撤销了盐务管理局，加上今年初党政机构改革，减少了不少部门单位，否则我很难想象能够到教育系统工作。这种一起共事的缘分十分难得、来之不易。校长岗位对我来说是一个全新的职业，充满挑战、充满机遇。我将虚心学习、认真请教，争取早日进入角色，尽快适应新岗位、新目标的履职要求，以高度的使命感、责任感，着眼于学校全局，积极思考，共同谋划协调发展。

三、倍加珍惜当前我县良好的发展势头

我将团结带领学校一班人为射阳高质量发展献计献策,主动投身发展大潮,致力全县乡村振兴。千里之行,始于足下。我要结合射阳开放大学的特点,围绕中心、服务大局,有的放矢、稳中求进,力争办出特色、办出成效,不断提升射阳开放大学的知名度、美誉度;结合当前开展的"不忘初心、牢记使命"主题教育,对标对表、查漏补缺、迅速整改、狠抓落实。在实际工作中,我要坚决做好表率,做到廉洁自律、公道正派、爱岗敬业、扎实工作,努力向县委、县政府和全县人民交上一份满意的答卷。

让学习成为我们终生的习惯

——在国开（射阳）2019届学员毕业典礼上讲话

(2019年12月8日)

尊敬的周校长，亲爱的老师、同学们：

律回春晖渐，万象始更新。我们即将告别充满挑战、奋发有为的2019年，迎来充满希望、前程灿烂的2020年。在这新旧交替之际，我们欢聚一堂，隆重举办国家开放大学（射阳）2019届学员毕业典礼，我谨代表全校师生，并以我个人的名义，向圆满完成学业的同学们表示热烈的祝贺！

同学们，你们来自县内外各地，奋斗在不同的工作岗位。今天，你们将从这里毕业，带着新的梦想和憧憬，奔向崭新的前程。2017年，你们怀着远大理想，肩负历史使命，来到射阳开放大学攻读，两年半时间犹如白驹过隙倏然而逝，毕业如期而至。学习期间，你们敏于求知，勤于学习，边工边读，不懈追求；可以说，你们的模范行动，感染着全校同学，感动了全校老师；可以说，你们每一个人都可写一篇可歌可泣的求学传奇故事，每一个人都奏响了一阕人生旅途上的动人乐章。

此情可待成追忆。临别之际，作为射阳开放大学的一员，我有几句话与大家共勉：

一是以敬学立身，培育自主学习的习惯。

孔子说："朝闻道，夕死可矣"；诸葛亮有言："夫学须静也，才须学也，非学无以广才，非志无以成学"；苏联作家高尔基曾说过："书籍是人类进步的阶梯"。古今中外的圣贤都强调学习的重要性。人生的美妙就在于不可预测，而学习为你的成功提供坚实的保障。姜子牙八十垂钓渭水，大器晚成，成为中国古代杰出的政治家、军事家、韬略家，周朝开国元勋，商末周初兵学奠基人。同学们，成功不问先后，什么时候读书都不迟啊！我们一定要树立终身学习的理念，一边工作、一边学习，把取得开放大学学历证书作为你们继续学习的又一起点、终生学习的"加油站"。国家开放大学的校训是"敬学广惠，有教无类"，"敬学"放在校训之首，突出了学习的重要。

读无字书,沐浴生活的风雨;读有字书,拓宽知识的视野。只有学习,我们才能够领略人类所思、所求的广阔和丰盈;只有学习,我们的人生才变得越来越充实、高尚,才更有格局。学习是获得教养的不二途径。

现代信息社会,是知识爆炸的时代,无论是教师还是学生,都要与时俱进,把学习作为首要任务,作为一种社会责任、一种精神追求、一种生活方式。期望同学们把自主学习作为一种求知手段、一种生活习惯、一种人生态度,下得苦功夫,求得真学问,练得真本领。

二是以进取行世,打造丰富多彩的人生。

生活中最大的杀手,既不是耀眼的成功,也不是痛心的失败,而是悄无声息的平淡。要想从芸芸众生中脱颖而出,非要有大智慧、大格局不可,而学习正是大智慧、大格局形成的不可或缺的载体。我们一定要以积极进取的态度,广而博学,塑造人生。

苏格拉底说过,"世上最快乐的事,莫过于为理想而奋斗",人生也因奋斗进取而更加精彩。自信人生二百年,会当水击三千里!有"知其不可而为之"的精神,才会有"泰山崩于前而色不变"的沉着,才能有立得定脚跟、撑得起天地的精神自制力,一种冷看惊涛骇浪、虽千万人吾往矣的勇毅!希望同学们紧跟社会发展的步伐,永葆进取之心,脚踏实地,兢兢业业,追求卓越,勇立潮头,以进取行世,打造丰富多彩的人生。

三是以律己修德,涵养自我教育的品质。

唐宋八大家之一的韩愈在《原道》中说:"欲修其身者,先正其心。"心不正则行为必然偏狭。心正,然后文质彬彬、身心完美,才能自觉律己,才能"格物致知",才能用科学的眼光明辨事物,提高自身的免疫力。著名教育家苏霍姆林斯基曾说:"真正的教育是自我教育。"自我教育的本质在于发挥主观能动性,正心立德。而"德者,本也",正如习近平总书记所指出:"道德之与个人、之与社会,都具有基础性意义,做人做事第一位的是崇德修身。"修大德者方能成大业,方能勇担当。

同学们,自我教育的关键在于认识自我、挑战自我、战胜自我,培养跋山涉水、爬坡过坎的"定力"。希望你们不忘初心、牢记使命,坚定理想信仰,担当道义责任,守望道德良知,培育完善人格,在实现中华民族伟大复兴的中国梦征途中成就个人梦想。

最后,我再提三点希望:

第一,希望同学们关注射阳的发展。

纳兰性德在思乡词中这样抒发情感:"山一程,水一程,身向榆关那畔行。

夜深千帐灯。风一更,雪一更,聒碎乡心梦不成。故园无此声。"乡土,永远是游子心坎最割舍不了的地方;乡愁,永远是羁旅他乡儿女解不开的情结。我们的祖辈生活在黄海之滨这片广袤的滩涂,我们的根已深深地植在鹤乡这块神奇的土地。我相信,射阳将是你们永久的牵挂。今天,在射阳县委、县政府的正确领导下,全县上下"聚焦项目强县,聚力开放创新,为谱写新时代射阳高质量发展新篇章不懈奋斗"。全县新兴业态发展势头良好,优势要素集聚相对集中,交通集疏运覆盖华东、辐射全国,联动日本、韩国,射阳已经进入高速发展的快车道。

射阳今天的发展,有我们父辈多年的汗水、智慧的积累,也离不开在座游子、学子们在各自岗位上的辛勤付出。"射阳是我家,发展靠大家",只要我们每个人对家乡多一些关爱,多一些奉献,相信射阳的明天会更好。

第二,希望同学们关心射阳开放大学的成长。

"老归江上寺,不忘旧师恩。"今天我们举行毕业典礼,100多位同学将离开开放大学的校门,在即将奔向锦绣前程的同时,希望同学们,在今后的漫长岁月中,不忘开大,不忘师恩。期望你们回到各自的岗位后,积极地推介我们射阳开放大学,你们就是宣传队,你们就是播种机。今天你是我们开放大学的一员,通过自己的努力,顺利地毕业,有的同学还取得了学位,这是非常了不得的荣耀;明天,你就是辐射源,你的成功的事例就会影响和激发一批人,你的身边就有一批想进开放大学的人。赠人玫瑰,手有余香,传递知识,传播文明,让我们共同努力,打造一个学习型、智慧型的射阳开放大学,让美丽的射阳河两岸涵养满满的正能量。

第三,希望同学们之间热络互动,互帮互助。

我们射阳开放大学毕业了一批又一批优秀学员,他们已经成为各行各业的精英和才俊,有县处级领导,也有不少科局级干部,已构成建设射阳的中坚力量。同学们,你们中的每一个人都是不可复制的人力资源,你们每一个人的成功都会给自己和学校带来无限的荣光。今天,各班级都印制了通讯录,这个薄薄的小册子虽不怎么起眼,却是你们加强联络的帮手和难得的财富。希望同学们之间加强联系,集思广益,共谋发展,用自己所学的知识,为射阳的发展谱写一曲赞歌。

金戈铁马战鼓急,只争朝夕启新程。同学们,你们将告别开放大学,但学习是不能告别的,要让学习成为我们终生的习惯,成为我们抵达一个又一个崭新目标的"加油站"。同学们,2019年的背影渐行渐远,2020年的脚步铿锵来临。站在新的起点上,让我们更加紧密地团结在以习近平总书记为首的党中央周围,向着辉煌的目标和美好的明天奋发前进!

长风破浪会有时

——在"双周五"工作例会上的讲话

(2019年12月13日)

同志们：

借"双周五"例会的机会，讲两个方面的内容：

第一个方面，小结一下12月8日"国开（射阳）2019届毕业典礼"。

这次会议的到会率、学员的参与度、社会的关注度超出我们事先的想象。这是一次成功的大会、胜利的大会。为了这次毕业典礼的顺利举办，学校党政班子高度重视，两次组织专题会办。两位班主任老师克服时间紧、任务重的矛盾，集中精力，与学员反复联络、多次对接，还客观公正地评选优秀学员，物色会议发言人选并进行文字把关。开教科全体人员精心谋划，周立新科长主持会议时精神饱满、声音洪亮、老当益壮。校长办放弃休息时间，加班编印学员通讯录，购买荣誉证书，起草表彰决定。徐昶老师为大会起草主题报告花了大量心血，动了不少脑筋。安保科、总务科等科室合力配合，做到了后勤保障有力。沈玉国科长亲自指挥车辆停放，王标科长里里外外忙个不停。

市开放大学周学高副校长说："幸福都是奋斗得来的。""工欲善其事，必先利其器。"机会永远只留给有准备、有实力的人。当今社会知识爆炸，科技发展日新月异，稍不留意，就有可能落伍落后！信息化时代瞬息万变的信息使得知识以前所未有的速度在更新。18世纪时，知识更新周期为80年，19世纪缩短为30年，20世纪后半期知识更新周期为5～10年，而进入新世纪，许多学科的知识更新周期已缩短至2～3年。练就过硬本领的根本途径是学习。毕业，不是知识学习的终点，而是自主学习、自我学习的开始。开放教育的重要理念之一，就是提高终身学习能力，打造"人人皆学、处处能学、时时可学"的环境。

班主任徐春芳老师对毕业的学员提了三点要求：

第一，不忘初心，砥砺前行。

当今社会，说"知识就是生产力"，也许并不是现实的本相。也许你发现，没有知识、没有学问也可以活得很体面。但是,我希望你们不要因此就轻易丢弃求知的欲望,因为只有知识,才能给你智慧;只有知识,才能给你人生持久的支撑,使你不断完善,开辟属于自己的一片天地。

第二,诚心正意,守正不移。

社会是所无形的大学,在这所大学里,没有补考但有淘汰,终身学习却无法毕业。当我们被误解,或者受到不公正的待遇时,千万要守住自我,别迷失方向。在人生舞台上,我希望你们为官不贪,为民不刁,心怀善念,坚持信仰,发扬正能量。

第三,勇于担当,善于包容。

无论对社会还是家庭,你们要承担起自己应该承担的责任。作为父母的儿女,要尽孝;作为兄弟姐妹,要友爱;作为妻子或者丈夫,要忠诚;作为孩子的父母,要仁厚。

2017年春季国开本科学前教育专业优秀学员施玮玮说,毕业的来临触动了离别的悲伤,课程有终结,学习无止境,而意境更深远。背负着老师们殷切的期望和千千万万的嘱咐,带着对老师深深的感恩离开母校,珍惜我们彼此的缘分,这将永远留存在我们美好的记忆中。我们不会因是成人毕业而自卑,不会因目前专业水平还不够精湛而灰心,我们以毕业于国家开放大学而骄傲,同时我们明白,我们实际的专业水平距离母校的要求还有差距。明确差距,我们将继续努力学习,使之成为终身的良好习惯,不断激励自己,走向更好的未来。我们为母校争光添彩,母校以我们为傲为荣。

土木工程专业毕业生代表陈国明说,感谢学校,是射阳开大的开放教育,为我提供了接受高等教育的机会,我在射阳开大完成了从大专到本科两个层次的学习,因学有所获,学有所用,学有所成,我有机会考取了国家注册安全工程师、二级建造师,同时我在射阳中石油昆仑燃气有限公司从一名普通的员工一步步被提升为部门经理。

第二个方面,说一下有关工作。

一、抓当前。

1. 做好学期结束前的各项工作。

2. 突出校园安全工作,及时做好整改。

12月10日下午,全县校园安全专项整治行动会在县港城小学报告厅举行。副县长戴翠芳出席会议并讲话。

戴翠芳指出,校园安全问题历来备受社会广泛关注,关系到社会的发展与稳定,是一切教育教学工作的前提和保障。我们要提高思想认识,充分认清开展专项整治行动的重要性,始终把校园安全作为头等大事。要务实工作作风,进一步聚焦薄弱环节,紧盯问题短板,深入开展校园安全专项整治行动。要强化工作责任,层层传导压力,压实责任担当。要建立健全长效机制,严格落实通报约谈、跟踪问责和责任追究等工作措施,全力打造安全标准高、稳定基础牢、防控能力强、社会满意度高的平安校园。

会上,县应急管理局作校园安全工作辅导。

会前,全县教育安全委员会的14家成员单位负责人参观港城实验小学安全科技馆,观摩安全应急疏散演练。

12月12日上午,我校召开校长专题办公会,进行贯彻落实。

(1)对原射师宿舍楼进行安全检查,邀请建筑内行一起参加,确定维修和防范方案;(2)对远程教育楼一楼电路进行检查,对老化线路进行更换;(3)检查食堂线路,添置必要的灭火器材;(4)加强食堂食材采购管理,尤其是冷冻食品;(5)加强电瓶车充电管理,设置集中充电点;(6)在高考文化补习班设置一名安全保卫工作人员并明确人员;(7)加强西侧中心路的综合管理,增设一名安保人员;(8)加强对电大餐厅的日常管理。

二、抓重点。

1. 精心组织、统筹协调,高质量办好庆元旦、迎新年文艺会演。

2. 持续做好招生工作。传达昨天结束的中央经济工作会议的最新精神。深刻理解中美贸易摩擦的负面影响。不确定因素增加,我们必须未雨绸缪,先发制人。多管齐下,多重保障,保证学校持续发展。

3. 优化师资队伍,补充新生力量。上报教育局六名补员用编计划,分别是数学、学前教育、法学、土木工程、行政管理、会计各一人。

4. 突出校园文化建设。谋划建立开放大学智库。

三、抓调研。

1. 突出社区教育调研,迅速走出去。

2. 调研2020年目标绩效考核。

3. 调研中职招生工作。

路虽远,行将必至;事虽难,做将必成!

辞旧迎新　笃定前行

——在2019年秋学期结束工作会议上的讲话

（2020年1月15日）

同志们：

我来到射阳开放大学已有两个多月，对我校的工作也有了初步的了解，有三点体会较深：一是学校人际关系纯和，教师工作认真敬业，这是我校的宝贵财富；二是学校人才荟萃，藏龙卧虎，单就期末论文发表统计就有不少高级别的文章，这为我校今年出几本校本教材提供了人才保障；三是我校有很大的发展空间，很多有价值的事情值得我们去做。这里就不一一展开去说了。

今天已是腊月二十一，根据工作安排召开本学期教职工结束工作会议，强调三点：

一、做好宣传

"新春纳余庆，佳节号长春"。春节是我国传统的团圆节日，是人流最集中的时候。我们要利用亲友聚会、生日宴会等各种机会，有意识地开展针对性的宣传活动。重点是省市县三会精神，省委提出的建设"强富美高"新江苏，推动高质量发展走在全国前列。盐城市委提出的践行"两海两绿"发展新路径，建设"四新盐城"。盐城是一个让人打开心扉的地方。盐城今年的财政总量排在江苏的第7位。射阳县委提出，聚焦聚力强动能、善治善为强作风，在践行"两海两绿"路径中谱写射阳新篇章。我们还要加强宣传"学在射阳"品牌，让当地生源有一个好的就读环境，我校中职幼师班毕业生就业率百分之百，十分抢手。县杂技团和多家幼儿园上门联系毕业班生源。优秀毕业学生吕青、崔兰兰考取编制，分别在合德实验幼儿园、新坍实验幼儿园工作，已成为骨干教师。在开放大学就读大专和本科的陈国明，从当初的办事员提升为部门负责人，已取得二级建造师、注册安全师证书。

二、理清思路

2014年9月9日,习近平总书记同北京师范大学师生代表座谈时指出,一个人遇到好老师是人生的幸运,一个学校拥有好老师是学校的光荣,一个民族源源不断涌现出一批又一批好老师则是民族的希望。由此可见,老师的地位和作用是多么的重要。[1]对各位老师来说,寒假期间的主要任务是休息、缓解情绪、调整心态、释放压力。有空的时候,好好理一理工作思路。校长室、各科室、各条线要把调查研究作为基本功,坚持从实际出发,谋划事业和工作,使想出来的点子、举措、方案符合实际情况。[2]尽早确定2020年春学期的各项主要工作:继续做好开放、奥鹏学历教育招生工作,启动2020年秋学期中职招生的谋划工作,调研合作办学,调研成立老年开放大学,调研微信公众号等宣传媒体的信息维护和建设工作。及早谋划春学期开学典礼,计划组建班委会,成立学习小组,制定返校日,与有关高校探索增加面授环节。教育部办公厅去年12月6日专门发出《关于服务全民终身学习 促进现代远程教育试点 高校网络教育高质量发展有关工作的通知》,明确提出"严把入口关、严把过程关、严把出口关",要求推进线上线下混合教学,保证适当比例的面授教学,鼓励师生实时互动教学。[3]制定中职学生到县中小学素质训练基地开展拓展的方案。思考组织"知名校友母校行"活动。将我们开放大学打造成服务地方经济、服务镇区社区教育中心、服务校友企业的排头兵。

三、文明过节

带头文明用餐,勤俭节约过春节。继承中华民族传统美德,不铺张浪费、不暴饮暴食、不斗酒贪杯。带头文明出行,平安祥和过春节。不疲劳驾驶、不酒后驾车、不车窗抛物。带头关爱互助,传递爱心过春节。多陪伴父母、多同孩子交流,抽空探望师长、乡邻乡贤,做尊老之事,多参加"送温暖、献爱心"的各类活动。带头弘扬家风,文明和谐过春节。良好的家风,是教育、规范、帮助子孙后代成长成才的重要保证。我们要以身作则,率先垂范,做到不赌博、不熬夜、移风易俗、娱乐有度。

最后祝全体教职工新春愉快、阖家幸福!

参考文献

[1] 罗丽君,刘丹,乔德吉,等.以习近平新时代中国特色社会主义教育思想引领高校师德建设[J].西藏大学学报(社会科学版),2018,33(01):12-16.

[2] 李祖宇.在理想与现实之中求索[J].中学政治教学参考,2015(25):12-13.

[3] 教育部教师工作司负责人就《教育部关于建立健全高校师德建设长效机制的意见》答记者问[J].平安校园,2014(20):17-18.

主动接受监督　着力全面整改

——在县委第一巡察组巡察党总支工作动员会上的发言

（2020年4月20日）

各位领导、同志们：

　　实行巡察制度，开展巡察工作，是党中央在新的形势下，加强党的执政能力，强化党内监督的一项重大举措。我们开放大学党总支将按照今天动员部署会的要求，迅速把思想和行动统一到县委巡察组的明确要求上来，以最强的政治自觉、最坚决的态度、最严格的标准、最有力的举措，支持配合县委巡察组开展工作。下面，我代表开放大学党政班子作如下表态：

一、以端正的态度接受巡察

　　我们将从政治的高度，充分认识开展巡察工作的重大意义，把接受巡察作为接受党性教育、加强党性锻炼、经受组织考验的难得机会，实实在在汇报工作，客观真实提供情况，实事求是反映问题，主动接受巡察组的监督检查，为巡察组客观、全面、深入地了解我校真实情况提供便利。

二、以严肃的纪律接受巡察

　　我们将严守政治规矩、组织纪律和工作纪律，严格遵守巡察的各项工作要求和纪律要求，服从巡察组工作安排，严格执行请假报告、保密等制度，不该问的坚决不问，不该做的坚决不做，主动配合巡察组开展工作，优质高效地做好材料提供等各项工作，以严格的政治纪律保证巡察工作顺利进行。

三、以高效的整改接受巡察

　　我们将把接受巡察作为加强党性教育、提升履职能力、转变工作作风的良好机遇,当作学习提高、发现问题、整改规范的工作契机。凡是巡察组发现的问题和提出的建议,我们将认真研究梳理,从主观上找原因、从制度上查漏洞,建立问题清单,逐项对照检查,限期整改落实,健全完善责任体系和长效机制,真正使接受巡视监督的过程变成查补短板、改进提高的过程。

最后,我们真诚恳请巡察组各位领导对我们的工作多提批评意见,严肃指出我们的存在问题。

以上发言,不当之处,请巡察组各位领导批评指正。

认清形势　苦练内功　提升自我

——在 2020 年春季国开（射阳班）新生开学典礼上的讲话

（2020 年 4 月 25 日）

各位学员、各位同志：

今天，我们在这里举行 2020 年春季国家开放大学（射阳班）新生开学典礼。在此，我首先代表射阳开放大学党政领导班子和全体教职员工，衷心感谢各位新学员对我校的信任与支持，对你们的到来表示最诚挚、最热烈的欢迎！

今天的开学典礼不同寻常、来之不易、值得记忆。

从今年一月中旬开始，一场突如其来的新冠肺炎疫情打乱了人们正常的工作生活秩序。武汉从 1 月 23 日开始实施封城措施，举国上下响应党中央号召，实行一级响应、战时状态，全国人民居家隔离，一大批医护人员逆行湖北。众志成城，共克时艰，我们取得了抗疫的初步胜利。但代价是昂贵的，疫情导致我国经济停摆了两个多月。一季度经济增速为－6.8%，这是自 1976 年以来首次出现负增长。2 月下旬以来，好不容易盼来了复工复产复学，但国外疫情接二连三，目前仍在蔓延，全世界确诊病例总数接近 290 万人。除生产与防疫有关的口罩、呼吸机、测温设备等物资外，大量外贸企业订单中断、出口停顿，被迫减产甚至于停产。一些关于企业裁员降薪的传闻不断。疫情对传统服务业，如餐饮、民宿、旅游、交通、客运等行业冲击巨大，损失惨重。在经济全球化时代，每一个国家、每一个地区、每一个人都很难独善其身！

这场罕见的疫情改变了世界经济格局，颠覆了我们对西方国家的传统认知。4 月 20 日，美国原油期货暴跌，每桶成交价为－37.63 美元。世事难料，面对变化莫测的大千世界，请问在座的各位：我们做好准备了吗？

这次疫情的突然发生，稳定工作的重要性被多频次讨论，稳定的工作，对一个家庭来说是多么的重要！在当前世界经济形势很不明朗的大背景下，我们不妨静下心来，认真学习，做好储备，静观其变。因为，机遇总是垂青有准备的人！

我很佩服在座各位的眼光,大家都是有想法、有追求、有抱负的逐梦者,愿意用智慧和汗水追求美好生活、创造美好生活。特别是参加第二学历学习的同志,真的很了不起。

借此机会,向各位学员提出几点建议和希望:

第一,要把握好学习机会。"开放教育"是国家培养人才的一种新型模式,为需要求学的人们提供了接受高等教育的机会。免试入学,宽进严出,有教无类,机会均等。实现了教育民主化、终身化,让公民平等享有受教育的权利。可以说,远程开放教育的创立,显示了国家站位高远谋全局的大局意识。所以,同学们选择开放教育形式,接受高等教育的理念是超前的、明智的。

开放教育在教学管理上,实行学分制,大家只要修满教学计划规定的最低毕业学分,成绩合格,即可取得国家开放大学颁发的国民教育系列专科或本科学历证书,证书由教育部电子注册,全国通用,符合条件的本科毕业生还可申请国家开放大学颁发的学位证书。

人们常说现代社会的竞争是人才的竞争。大家一定要珍惜这次重大疫情期间的学习机会,不断提升自身的综合素质和能力,增强社会竞争能力,做到学历和知识水平双提高。

第二,要培养自主学习的良好习惯。开放教育是成人化的业余的教育,以网络自学为主,更强调学员在学习中的主体地位,既要学会更要会学。而人的天生惰性加上成年人社会角色的多样性,会使我们的学习受到很多的干扰和挑战,所以希望我们能够以自己的智慧和更强的"定力",解决好工作与学习的矛盾,协调好生活与学习的关系,厘清交往与学习的困惑,把眼前的名利"面子"看淡一些,把事业人生看远一些,把学习和提升看重一些,坚持主动学习、自觉学习、终身学习。工作再忙,应酬再多,时间再紧,也要把学习的时间挤出来,千万不能一日曝,十日寒。要定出合理的学习计划,不断用愿景激励自己,鞭策自己。在求学的两年多时间里,少娱乐,多学习。只有这样,我们的毕业文凭才是货真价实的。我们才能骄傲地说,两年半的时间没有碌碌无为,没有虚度年华!

第三,要切实掌握现代学习方法。开放教育的学习,通过计算机网络与老师沟通联系,学员充分利用计算机网络进行自主学习,这就要求我们要掌握必需的学习方法,能上网浏览教学资源,参与网上交流讨论,完成网上作业。

国家开放大学江苏分部教学管理中心主任陆伟新多次强调,对开放学员来讲,网络就是教室,登录网络就是进课堂,不登录网络就是旷课。长期旷课的学生,最终是无法完成学习任务的。希望学员们利用"国开"公众号经常登录国家开放大学学习网,每学期每门课至少登录20天以上。(关于如何在网上学习,开学典礼后,有关老师会对大家进行辅导,详细介绍操作方法,希望大家认真听讲)

第四、要按时完成作业。开放教育每门课程的成绩,由平时作业成绩和学期统考成绩按比例合成。因此,学员们平时要认真做好作业,按时提交给各辅导老师。其中,作业有网上作业,也有书面作业,大家都应按时间节点和相关要求不折不扣地完成。只有这样,才能取得合格成绩,也才能在两年半的学习期限内顺利毕业。

在这里,我代表学校表个态。请大家相信,无论是负责开放教育的相关责任科室,还是班主任、任课教师,一定会全心全意为大家服务,为各位解决学习上的困难。大家有什么建议和要求多与班主任和辅导老师沟通。这次学校专门为大家印制了学员通讯录,组建了班委会和学习兴趣小组,目的就是为大家创造良好的学习氛围。只要是我们能办到的一定会办,应该做到的一定会做到。我们说,人生处处有选择,今天你们选择了射阳开放大学,明天开放大学一定将助你成功。

最后,祝愿同学们在两年半的时间里都能圆满完成学业,把所学的知识更好地运用到自己的工作实践中去,为地方的经济发展作出更大的贡献。祝学员们学习愉快、身体健康、工作顺利!

在逆境中实现弯道超车

——在2020年春季江苏开放大学（射阳班）新生开学典礼上的讲话

（2020年5月10日）

各位学员、各位同志：

今天，我们在这里举行2020年春季江苏开放大学（射阳班）新生开学典礼。

因疫情影响，今年江苏开放大学的开学典礼比以往推迟了两个月时间。在学校全体人员的共同努力下，今天总算正式开学了。在此，我谨代表射阳开放大学党政领导班子和全体教职员工，衷心感谢245位新学员对我校的信任与支持，对你们的到来表示最诚挚、最热烈的欢迎！今天还是母亲节，在此也向做了妈妈的女士们致以节日的问候！祝愿你们青春永驻、家庭幸福！

2月下旬以来，我们好不容易盼来了复工复产复学，但国外疫情接二连三，目前仍在蔓延，全世界确诊病例总数接近410万人。除生产与防疫有关的口罩、呼吸机、测温设备等抗疫物资外，大量外贸企业订单中断、出口停顿，被迫减产甚至于停产。一些关于企业裁员降薪的传闻不断。这次疫情对传统服务业，如餐饮、民宿、旅游、交通、客运等行业冲击巨大，损失惨重。在经济全球化时代，每一个国家、每一个地区、每一个人都很难独善其身、置身事外！

在当前世界经济形势很不明朗的大背景下，我们不妨静下心来，认真"充电"学习，做好技能储备，静观其变，等待时机，逆流而上，实现弯道超车。因为，机遇总是垂青有准备的人！

借此机会，向各位学员提出几点建议和希望：

一、希望你们端正态度，珍惜机会

知识无穷无尽，"活到老，学到老"。特别是在当今社会，知识更新非常快，时代的发展迫切要求我们要珍惜机会、不断学习。因为学习从来不是为了给自己装点门面,我们只有下定剥茧抽丝的决心,才能学有所成。要让学习融入我们的生命之中,用知识去铺垫基础,用理论去融会贯通。要通过学习,熟练地掌握各种实用技能,将学习与实践紧密结合,争取在思想、业务、能力上有新的提高。

二、希望你们开拓进取,求实创新

现代社会是一个在竞争中不断发展的社会,仅仅掌握理论知识是远远不够的,还需要理论联系实际,在实践中不断提升自己发现问题、分析问题、解决问题的能力。在做好自身工作的基础上,要不断开创新思路、新方法,在创新中不断提升自己。在今后的学习生活工作中,我们要敢于打破常规,不断开拓进取,努力成为推动时代发展的创新人才!

三、希望你们团结互助,加强交流

团结互助是和谐社会发展的基础。在儒家思想中,"和谐""仁爱"等道德观念受到特别的重视。同学们,我们大家来自不同的单位和部门,大家平时很难聚在一起,这次能够相聚一起走进我们射阳开放大学是一种缘分,也是一种福分。希望大家抓住这难得的学习机会,以诚待人,以信交人,以宽容人,以仁惠人,互相学习,互相交流,互相借鉴,共同进步。

四、希望你们正确处理工学矛盾

在座的各位同学,很多人都是各自单位的中坚人才,日常工作可能比较忙碌,有的人已经为人父母,工作、学习和家庭生活也许会有冲突,但三者之间又能互相促进、互为补充。希望大家能够合理地处理好工作、学习、生活的关系,保证充足的学习时间,充分利用网络学习资源,在学习和实践中不断提高自己,为社会的进步和发展作出自己新的贡献。

同学们,机会总是给有准备的人,新的开始,新的期望,希望你们以积极快乐的心态,开启新的学习生活!同时也希望大家能够继承和发扬江苏开放大学"创新、开放、融合、共享"的校训精神,志存高远、脚踏实地、勇于承担、奋发图强,成为不负社会和时代期望的优秀江开人。

最后,预祝大家学业有成,工作顺利,生活幸福!

让好习惯为梦想插上飞翔的翅膀
——在开放大学2020春"家校合作·共创未来"活动上的讲话

(2020年6月5日)

尊敬的各位家长、各位同志：

大家下午好！

时值盛夏，天气十分炎热，正处在夏收、夏种、夏管的农村"三夏"大忙期间。各层各级围绕"六稳""六保"全力生产自救，努力将前期因新冠肺炎疫情造成的经济损失夺回来。非常感谢各位家长能在百忙之中抽出时间来参加这次家长会，这充分体现了各位家长对我校高质量发展的高度关注和对子女学习的真正关心。在此，我代表射阳开放大学全体师生，对各位家长的到来表示最诚挚的欢迎！

今天我们在这里召开家长会是为了我们的孩子健康发展，为了进一步增强家庭与学校之间的教育合力，搭建更高效的教育平台，共同研究教育教学问题，充分征求各位家长对学校教学与管理各方面工作的意见，希望得到各位家长对学校工作的理解和支持，并积极参与到学校的教育管理工作中来，从而促使孩子们身心健康成长。[1]

一、我校的基本情况

我校是县内唯一一所将中等教育与高等教育有机衔接的地方公办高校，现有各类在籍学生（学员）近3 000人。学校教学设施基本完备，配有电脑房、钢琴房、舞蹈房等20多个功能教室。我校学前教育专业办学时间较长，多年来为地方幼教事业输送专业人才3 000多人，毕业生遍布县内外各级各类幼儿园（亲子园），为推动地方幼儿教育事业发展作出了积极贡献。

多年来，学校的教育教学都呈现出蓬勃发展的良好态势，学校的各项工作都取得了长足的进步，教师队伍得到了进一步锻造，学生素质得到进一步提升，学校的办学质量大幅提高，得到了家长、社会、上级教育部门的认可。

二、学校的教育教学情况

我校始终坚持以提高教师队伍综合素质为根本,以培养学生的创新精神和实践能力为重点,以提高教育教学质量和办学成效为中心,狠抓教学管理,优化育人环境,力争把我校办成社会满意、家长放心的学校。

1. 在师德建设上,建设一支师德高尚的教师队伍

我校以爱生为主线,从抓师德建设入手,扎实开展师德教育活动,促进学生亲其师、信其道,变厌学为乐学。每周都组织全体教师参加业务学习,每周召开一次班主任会议,重点解决本周教育教学工作中存在的问题。我们全体教师爱岗敬业,忠于职守,遵纪守法。多年以来,无论寒暑冬夏,班主任老师每天都轮流值班,校长和中层干部轮流值周。可以说射阳开放大学的教师队伍是一支师德高尚、业务精湛的高素质队伍。[2]

2. 在教学管理上,突出教学中心地位,扎实提高教学质量

学校抓好教学常规管理,追求高质量的课堂教学。每个学期,各学科都组织开展公开课教学活动,从备课到讲课,从讲课到评课,不走过场,不搞形式,脚踏实地地抓,一丝不苟地抓。在课堂教学中,我们面向全体,因材施教,调动每一位学生的积极性,不断提高课堂效率,向课堂教学要质量。并邀请县教师发展中心的相关专家到我校听课评课,进行教学业务方面的指导。

3. 在教学设备投入上,想方设法逐步完善各功能教室

学校已筹措近二十万元资金,用于购买安装八台多媒体教学黑板。学校正在按照上级要求,布置心理咨询室。同县人社等部门对接社会职业技能培训,筹措资金安装教学楼空调。

三、对我校中职生优势潜能的挖掘

根据美国哈佛大学著名心理学教授加德纳多元智力理论,我们知道,每个个体都同时拥有相对独立的八种智能,但每个人身上的八种相对独立的智能在现实生活中并不是绝对孤立、毫不相干的,而是以不同方式、不同程度有机地结合在一起。正是这八种智能在每个人身上以不同方式、不同程度组合,使得每一个人的智能各具特点。[3]因此,每个学生都有自己独特的特点和表现形式,不能单纯地把学生划分为"优等生"和"差等生",他们只是各自具有自己的智力特点、智力组合形式、学习风格和发展方向。所以在教育教学

中,不管是家长还是教师,都应该尊重孩子的特点,善于挖掘,提供机会,对每个孩子都寄予希望,为孩子的发展搭建合适的平台。

结合我校的幼师生教育,我们发现,虽然学生文化基础知识普遍较差,但她们的智力素质并不差,只要是她们感兴趣的,她们同样表现出以下特点:思维敏捷,注意力集中,勇于探索,动手操作能力强;对新事物、新观念容易接受,适应性强;而且幼师生同普通高中生比起来,她们追求时尚、兴趣广泛、人际交往能力强,具有较强的表现欲。大部分幼师生生活自理能力强,普遍具有吃苦耐劳的精神。

作为家长和教师,我们要学会全面认识学生,充分挖掘学生的潜力,不能因为其在文化学习上成绩不好,就全面否定。他们可能在文化学习这方面不好,但在别的方面表现很好,比如我们好多学生在音乐、美术、舞蹈等方面就非常突出。我们应该认识到,每个个体的发展不可能是各方面齐头并进,每一个学生都可能呈现出其特有的发展优势,并形成发展领域的不同的组合,不同的领域在学生的整体发展中相互支撑,协调发展。这就是学生的和谐发展,我们应该倡导学生的和谐发展,应该帮助学生让他们的优势智力领域充分展现出来,而且帮助他们把优势智力领域的特点迁移到弱势智力领域,使他们的弱势智力领域也得到发展,从而充分挖掘每一个学生的发展潜能。

四、目前存在的问题

虽然我们想尽办法,通过各种努力,想让在校学生多学一些技能,多学一些知识,多学点做人的道理,但仍有少部分同学存在以下问题:

1. *存在厌学情绪*

厌学情绪较为普遍,具体体现在以下几方面:

(1)出勤情况。有经常旷课、迟到或找各种借口请假不上课的学生。

(2)课堂情况。存在睡觉、不认真听讲,玩手机、做小动作、开小差等现象。

(3)学习目的。一部分学生是为了混日子、养身体、混文凭而已。

(4)学习态度。有的学生认为学习是一种负担,有的认为学不学习无所谓,还有一部分学生学习态度根本就不明晰,不知道要怎么对待学习,抱着随意性、无所谓的态度。

2. *诚信日益缺失*

(1)学习方面缺失诚信。首先在完成作业方面,能自主完成作业的学生少;其次是考试方面,学生的作弊现象时有发生。

(2) 社会生活方面缺失诚信。一是对父母、老师、学校缺失诚信,如一些学生以种种假理由欺骗父母、老师,还有一些学生给学校留假地址、假电话;二是与同学交往缺失诚信,表现为人际关系淡漠,如对同学说谎等。

3. 很多学生自信心不足

(1) 学习方面自信不足。主要表现为"被动学习",学习上从不主动,甚至放弃学习,认为自己就是没有学习"天赋",觉得无论如何也是学不好的。

(2) 做人方面的自卑心理。主要表现为性格过于内向,胆小怕事,不敢主动与他人交往,认为"谁都比自己强"。

(3) 对未来很不自信。由于学习方面的不自信和做人方面的自卑心理,对未来走向社会迈入工作岗位更加没有信心,造成学习期间内心极大的不安、焦躁。

4. 部分学生守纪意识淡漠

极个别同学不能完全遵守学校校纪校规,在宿舍不接受宿管员管理,在课堂上不接受任课教师的管理。

极个别同学还同过去初中未升学的所谓老同学交往,会将社会上的一些不良风气带进校园。过去也有过因交友不慎误入歧途的案例。在手机使用上,依赖过多,很难辨别网上的负面信息。

五、存在问题的成因分析

学生存在这么多问题的原因有很多,但分析一下我们就会发现有一个最为关键的原因,就是"家校合作"不够到位,形成不了教育合力!

教育是社会现象,而家庭教育是一切教育的根基。无论学校教育多么重要和不可缺少,也决不能代替家庭教育的影响和作用。[4]尤其是德育,学生良好思想品德和健全的心理品质的形成,仅有学校教育是难以实现的,它离不开家庭的配合和支持。因为家庭教育是最富感染力的教育,由于血缘亲情,家长能够在"以情动人"中向子女进行有效的教育;家庭教育又是最具针对性的教育,家长与子女接触最多、了解最细、情况最熟,更能做到从子女的个人实际出发,有的放矢,因材施教;家庭教育还是最富灵活性的教育,不受任何条件限制,能够做到"遇物而诲",随机教育,方式方法也比较灵活,容易被子女所接受。

而我们学校教育集中体现了我国教育的基本方向,对学生的成长形成全面的系统的影响。所以父母应当支持学校,同学校密切配合,共同促进子女健康成长。教育孩子不是个人的私事,而是对子女、对后代、对社会负责的大事。因此,配合学校搞好孩子的教育工作,家长责无旁贷。

六、对家长的希望和要求

在教育教学管理中,我们也清醒地认识到学校工作的不足,我校的工作成效距离学生家长的要求还有一定的差距。一个学生没教好,对任课教师来说,可能只有几十分之一的遗憾,但对一个孩子来说,将导致整个家庭百分之百的失望。我们不敢有半点马虎,我们将竭尽全力,将自己满腔的热情和无私的师爱,倾注到工作中去。但是各位家长,你们是孩子成长的第一任老师,是孩子成长的第一责任人和监护人,你们要保障孩子上学所需,科学合理地安排好他们的生活,关注孩子的喜怒哀乐,帮助孩子顺利走好人生每一步。所以在今后的工作、生活中,还希望家长们从以下几方面进行配合:

1. 与学校在孩子的教育问题上达成共识。

2. 宽严有度,不要溺爱、娇惯,也不要求全责备,尤其加强对孩子零花钱的管理。希望我们家长要控制好孩子的零用钱,不给孩子买昂贵的衣物和学习用品,不要使孩子们滋生攀比之心,让学生逐渐养成节约的习惯。

3. 不管工作多忙、多累、多苦,每个星期和您的孩子做一次谈话和交流,注意了解孩子的思想动态。

4. 要关心孩子的学习成绩,但千万不能只关心孩子的文化成绩。要客观地认识孩子的成绩,要帮助孩子及时总结经验教训,要多方面综合评价我们的孩子,关注我们的孩子,做到不急不躁,有方法,有耐心,有对策。

5. 关注孩子的身心健康。要让孩子养成良好的饮食习惯。加强必要的体育锻炼,在家里让孩子适当做些家务。关注孩子心理状况,引导孩子善于与他人相处,学会正确对待困难和挫折。

6. 及时与班主任、任课教师进行沟通。学校只能承担起教育孩子的一部分责任。品德教育、习惯养成、性格培养等重要的教育任务,需要家长与教师的合作才能完成。

7. 注重习惯养成。教育就是习惯培养,实践证明,没有克服不了的坏习惯,没有教育不好的学生。任何不良习惯都不是固定不变的,只要教育得法,一切都会向好的方向发展变化。

8. 教育孩子关心他人、奉献爱心,让孩子学会感恩、乐于助人。

9. 营造良好的家庭氛围,创造有利于孩子成长的条件,引导孩子爱读书、读好书,与书交朋友,善于思考,有广泛的兴趣爱好。[5]

各位家长,中职学生相当于高中生,高中阶段正是孩子处于人生发展的关键时期,正是孩子的世界观、人生观、价值观的形成时期,他们除了接受学校的系统教育之外,也离不开家庭、社会等各方面的教育,只有当各方面的教育形成合力,孩子们才会在各方面更好、更快、更健康地向前发展。

我坚信,有了各位家长的配合、信任、理解和支持,有我校这支爱岗敬业、乐于奉献、充满活力,有爱心、有事业心、有责任感的教师队伍,您的孩子一定会健康愉快地成长。

最后,衷心祝福大家阖家欢乐,身体健康!祝愿您的孩子在以后的日子里有更大的进步!

参考文献

[1] 校长家长会发言稿,《互联网文档资源(https://wenku.baidu.)》,2018.
[2] 校长家长会发言稿,《互联网文档资源(https://max.book118.)》,2020.
[3] 建立家校联系的平台,开展治庸问责评教活动,《网络(http://blog.sina.com)》,2012.
[4] 朱青绿. 家校合作是培养好孩子的重要前提,《网络(http://blog.sina.com)》,2015.
[5] 校长家长会讲话稿,《网络(http://www.79edu.com)》,2011.

腹有诗书气自华

——在国开优秀学员代表座谈会上的讲话

（2020年8月30日）

老师们、同学们：

今天我们在这里召开优秀学员代表座谈会，参加会议的共有30名学生代表。首先我要向优秀学员代表们表示衷心的祝贺，祝贺你们通过上学期的努力，取得了优异的成绩，为学校、为班级争得了荣誉，为全体同学树立了很好的学习榜样。

各位同学，入学以来，你们克服种种困难，较好地处理了工学矛盾，做到了学习工作两不误；入学以来，你们刻苦学习，孜孜不倦，掌握了较高的理论知识；入学以来，你们从陌生到相识，从相识到熟悉，最终成为朋友；入学以来，你们刻苦钻研，不懈努力，掌握了较高的专业技能。希望大家都能学以致用，成为各自工作岗位上的优秀工作者。

各位同学，我们召开本次座谈会的目的，就是要为优秀的学生提供一个交流的平台，增强我们的荣誉感和责任感，同时总结成功经验，把你们好的经验在全校推广，使更多的同学受益。

一、总结经验　相互学习

你们取得了优异成绩，成绩来之不易，一定要好好总结，把好的经验、好的方法总结出来、提炼出来，变成继续进步的财富，这样才能争取更大的成绩。现实告诉我们：凡是不断进步的人，都是善于总结经验的人。在座的每位同学，在学习上都取得了优异的成绩，这还不够，还要认识到互助学习的重要性。我们要在广大学生当中作出榜样，用你们成功的经验带动身边的所有同学，激励他们奋发向上，共同进步。

二、善于学习　学以致用

在座的各位同学都是业余学习,每天要完成繁重的工作任务,还要挤出时间来学习,很辛苦,压力也很大。但你们也有其他学生所没有的优势,你们是带着问题学,抱着解决问题的目的学,你们的学习会更主动,更具有针对性,也更有效率。希望同学们在今后的学习中,能够把书本的知识和自己的工作更好地结合起来,在学以致用的过程中不断充实和提高自己。同时也希望同学们好好珍惜在开放大学求学的时光,享受校园生活,学习知识、增加阅历、结识朋友、收获友谊。

三、珍惜机会　认真学习

要珍惜宝贵的学习机会,养成自主学习的习惯,严格按照有关规定要求参加学习,认真遵守学校和班级各项纪律,确保学习效果。要加强与学校、班主任、课程教师和同学之间的沟通和交流,认真完成任课教师布置的各项学习任务,确保在取得相应文凭的同时,真正提升自身的文化素养和综合能力,为更好地完成本职工作打下坚实基础。

四、树立目标　迎接挑战

社会发展是不以人的意志为转移的,今天已经是日新月异的时代,我们时时刻刻都在面临着挑战,是进取还是后退,取决于自己的心态。如果一味认为自己不行,那就肯定行不了,成功的机会也会大大减少。改变心态显得尤为重要,"我行,我一定能做到!"那肯定会取得新的成绩,甚至可以创造出奇迹。

五、心系母校　助力发展

作为学校的优秀学员代表,你们不仅是学习中的佼佼者,更是学校的建设者和参与者,学校的发展离不开你们的关心和支持,希望大家能够一如既往地支持和关心学校的发展,为学校的发展贡献一份力量。

投大靠强　合作共赢
——在东台开放大学开展校际交流学习会上的发言

(2020年11月19日)

尊敬的虞校长,各位领导、各位同仁:

东台钟灵毓秀,人杰地灵,勤劳、朴实的东台人在这块土地上创造出了一个个奇迹。从经济总量看,东台的GDP总是位居全市之首。这样成绩的取得,绝不是偶然的。

东台的教育工作也一样走在全市的前列,高考本科达线率多年来一直名列前茅,东台开放大学的各项工作同样在盐城开放教育系统中排在第一,是全市的领头羊,在全省县级开放大学中,也是排头兵。对东台开放大学,我们是心仪已久,早想慕名而来。

我们非常了解我校与东台开放大学的差距,因为只有承认差距,才会正视差距,才能逐步缩小差距。

首先,在课题研究方面。2020年上半年,东台开放大学就申请了3个江苏省社会教育服务指导中心的课题,课题研究是一个指标,能反映出学校的教科研水平。

其次,在社会教育方面。东台开放大学社区教育开展十分实在,在市社区教育群中,经常能看到东台获得的奖项,不久前还看到东台南沈灶的"家庭教育系列微课"获得省奖项。东台人民社区教育参与热情高,乡镇社区教育指导中心社区教育搞得很实在。

优秀总是与优秀相匹配,东台的优秀是系统性的成功。东台开放大学虽然只有30多位员工,但开放教育却搞得十分红火,多次受到国家开放大学和江苏开放大学的表彰。今天,我们十多位同志满怀虔诚,就是来学习贵校如何搞好开放教育的:学习你们面授教学的成功实践,学习你们班级管理的高效到位,特别是学习兴趣小组高效运行的做法和经验。只有系统性地学习,才能从根本上改变现状,从而获得提升。

最后,我有三个请求与希望:

1. 请求能与贵校结成对子,方便我校广大教师拜师学艺,取得真经。

2. 希望贵校在各领域不吝赐教,更期盼能到我校传经送宝。我校将派出后备干部和骨干教师到贵校重点实习,挂职锻炼。

3. 希望能与贵校加强联谊,组团发力,联合攻关,争取突破省、市乃至国家一些重大教育科研项目。

提高基本素养　增强工作能力
——在学校学干、团干、班干能力提升培训班上的讲话

（2020年11月19日）

各位老师、各位同学：

今天，我们在这里举办射阳开放大学学干、团干、班干能力提升培训班。本次培训班的举办，目的在于提高学生干部基本素养、增强学生干部的实际工作能力，在新发展阶段继续探索提高学校与班级管理效率的方法，也是为全面贯彻落实全国教育大会精神和《国家职业教育改革实施方案》新要求，展示我校职业教育改革发展成果，营造全社会关心支持职业教育的良好氛围。[1] 同时也是落实11月10日上午以"人人出彩，技能强国"为主题的2020年盐城市职业教育活动周的要求。在座的各位同学都是在全校学生中各方面表现比较优秀的同学，平时是班主任和任课教师的得力助手。大家考虑问题比一般同学更加周到，更加全面，人际交往和沟通能力比其他同学更强。你们是联系老师和同学的桥梁，是学校高质量发展的基石。当然，我们也不能忽视部分同学身上还存在的一些问题和不足，如大局意识欠缺、集体观念不强、主动思考不够、学习毅力不足等等，这些问题都需要我们共同来解决。

下面我就办好本次培训班对在座的学生干部们提三点希望和要求：

一、珍惜机会　抓住机遇

参加本次培训的学生干部都是各班的先进分子，我们本次培训班的课程安排得非常全面，有理论知识培训和素质拓展活动，还有培训过程当中的讨论和测试。机会难得，大家要好好珍惜这一机会。通过参加培训，大家要学有所获，并把所学成果带到平时的实践工作中去，在今后的学校和班级管理事务中更加有针对性地开展工作。

中职三年，正处于人生成长的关键时期，知识体系搭建尚未完成，价值观塑造尚未成型，情感心理尚未成熟，需要加以引导。[2] 正如习近平总书记指出：

"这就像穿衣服扣扣子一样,如果第一粒扣子扣错了,剩余的扣子都会扣错。人生的扣子从一开始就要扣好。"[3]学校党总支、校长室一班人高瞻远瞩,以学生发展为根本,遵循学生干部身心发展规律,从培养学生成人成才的角度出发,下定决心,多次谋划,在县内外首次举办学生干部能力提升培训班。这对提升全体中职学生实际能力十分有利。

二、知行合一　学以致用

本次培训能否取得一定的实效,关键在于大家能否坚持理论联系实际,能否把平时学习与生活中遇到的实际问题,通过本次培训加以解决。要进一步提高认识,不断改进我们的工作方法,磨炼我们的工作能力,扎扎实实地推动学校和班级的管理工作,在学以致用上取得实效。因此,大家要自觉加强学习锻炼,不断提高自身的综合素养,尽快提升管理工作的能力和水平。

"纸上得来终觉浅,绝知此事要躬行。"统筹办学治校各领域和教育教学各环节,构建学校教师、企业师傅、学生家长等全员参与,从入学到毕业全过程实施学校、企业、家庭、社区等全方位密切配合的育人工作体系,突出养成教育,重视心理健康教育,深化体育艺术教育,培养学生良好品质习惯。我校将做到"六个一",即帮助学生制订一份个性化成长方案、养成一系列良好行为习惯、培养一个良好的爱好、参加一次校级以上竞赛、参加一类志愿服务或创新创业活动、树立一个养成教育品牌。[4]

三、比学赶超　力求实效

突出培育职业素养和塑造工匠精神。将职业素养和工匠精神培育融入人才培养全过程,大力培养学生"干一行、爱一行、精一行"的职业品质。[5]借鉴现代企业文化,强化职业操守教育。以培养工匠精神为重点强化劳动教育,设立劳动教育必修课程,落实劳动精神、劳模精神、工匠精神专题教育学时要求,将劳动素养纳入学生综合素质评价体系。宣传"适合的教育才是最好的教育"的理念。

我们在本次培训结业仪式上要组织大家进行分析交流,还要对大家培训期间的学习效果进行测试。因此,大家在培训过程中要发扬刻苦钻研的精神,要认真听课,做好笔记,加强讨论和交流,把平时工作中遇到的一些问题和其他同学一起分享、探讨,力求把培训的知识学懂、学透,使大家的管理水平得到进一步提高,驾驭工作的能力得到进一步增强,真正发挥好学生干部的桥梁和纽带作用。

最后预祝本次培训班圆满成功!

参考文献

[1] 张慧.江苏中职学校"领航计划"下德育体系的构建——以泰州机电高等职业技术学校为例[J].延安职业技术学院学报,2021,35(06):12-14+19.

[2] 王玮.提质培优视域下高职院校职业素养教育体系构建[J].机械职业教育,2021(09):27-29.

[3] 李晓京,孙国辉,张超,等.以"习近平青年教育观"引领高校思政工作进入新局面[J].教育教学论坛,2021(27):1-4.

[4] 周波,王敏,余心明.高职现代学徒制问题分析与推进对策研究[J].继续教育研究,2021(09):70-74.

[5] 葛道凯.职业教育在服务经济社会发展中提质增效[J].中国职业技术教育,2021(12):21-26.

担当实干　笃定前行[1]

——在射阳开大与县教师发展中心联谊会上的讲话

（2021 年 1 月 28 日）

各位领导，同志们：

在牛年春节即将来临的日子里，今天我校迎来县教师发展中心的各位领导、各位同仁，以及县幼儿园的部分教师代表。大家欢聚一堂，分享丰收喜悦，展望美好愿景。

过去的 2020 年，是提升突破的一年。一年来，我校在县委、县政府的坚强领导下，在各级部门的大力支持下，进一步规范提高各项工作，深入推进队伍建设、建立健全规章制度、积极探索办学模式、扎实推进创新管理、努力提升综合实力，多项工作取得新的突破，处于全省开放系统领先水平。

过去的 2020 年，是工作充实的一年。一年来，全校上下励精图治、闻令而动，立足抓基层、打基础，在抓好校园新冠肺炎疫情防控的同时，狠抓日常管理。坚持各项工作以学生为中心，分别召开国开、江开新生开学典礼和老生毕业典礼，评选优秀学员并召开座谈会。今年将有近三十名学员获评省级以上奖学金。2020 年开放教育招生超过 800 人，创历史新高。先后六次召开不同类型的中职学生家长会，用心举办"崇尚孝道、学会感恩、提升素养"主题班会。围绕家校共建，恢复家访制度。我校办学声誉初步赢得好评。

过去的 2020 年，是有益探索的一年。一年来，我校尝试用社会管理的成功做法进行学校管理。勇于直面存在的问题，分别举办班主任业务知识和学生干部能力提升培训班。进行两次微课教学比赛和国开网上教学竞赛。大胆实施"请进来、走出去"战略，先后邀请十多名行业名师和专家来我校授课。首次联合东台开放大学、阜宁开放大学共同举办"讲好亲子共学故事、促进子女茁壮成长"活动。挤出时间去建湖开放大学、大丰开放大学、东台开放大学、盐城经贸高级职业学校、东海中等专业学校、扬州市职业大学、江苏理工学院、建湖县宝塔镇社区教育中心参观学习。元旦当天，我们组织教师和学生志愿者走进养老中心，带着感情、带着责任开展老年人智能手机使用培训。

过去的 2020 年,是喜获丰收的一年。一年来,我校已获评全省社会教育先进集体(省社会教育服务指导中心)、网上教学优秀单位(国开江苏分部)、2019 和 2020 年度招生工作先进集体(江苏开放大学)、全市开放大学系统乒乓球比赛一等奖(盐城开放大学)、2018 至 2019 年度文明单位(县文明委)、省级学习体验基地(省社会教育服务指导中心)。有两项省级社区教育课题获批立项,有 9 名教师的 14 篇教科研论文在省级以上学术刊物上发表,有 10 名教职工荣获 14 项县级以上表彰。成功跻身盐城开放教育第一方阵。

我们深知,上述成绩和荣誉的取得来之不易。我们感谢主管部门的关心厚爱,感谢学校教职员工的担当实干,感谢县教师发展中心的大力支持。暑假期间,戴启明主任亲自安排有关学科教师,放弃休息时间,来我校帮助对口高考班的同学梳理知识。国庆期间,王兆熙主任协调相关教师来我校进行查漏补缺。可以说,县教师发展中心是我校高质量发展的坚强后盾。当然,在前行的道路上还充满挑战,我们未来任重而道远。

各位领导,同志们,凡是过往,皆为序章。进入 2021 年,我们将在实干中探索,在探索中前行,把成绩归零,重整行装再出发,一着不让抓当前,一鼓作气打基础,一马当先争前列。针对我校中职学生的文化基础相对薄弱的客观事实,特地邀请 5 名回乡参加社会实践的大学生,从本月 29 日开始进行为期十天的对口高考班线上教学,专门安排语文、数学、英语等学科知识体系的补习。本月 30 日开始,校长室将组织人员对部分中职学生和开放学员进行家访。31 日将再次走进县养老中心进行第二期老年人智能手机使用培训。我们要将寒假作为缩短差距、补齐短板的契机,继往开来,砥砺前行,全力打造全省县级开放大学排头兵!

最后祝与会各位身体健康、工作顺利、阖家幸福!

参考文献

[1] 2016 年 11 月 19 日县编委办第二次会议确定,县教育局设立县教师发展中心,整合县中小学教学研究室、县教育技术装备中心电化教育及县教师进修学校等相关职能。从我校划转 18 名编制,其中调动在编人员共 8 人。2020 年 12 月 31 日,县人社、编制、教育等部门正式同我校签订编制和人员划转协议。经与新成立的县教师发展中心商量,共同举办联谊活动喜迎新春,双方共表演 12 个文艺节目,活跃了氛围,增添了友谊。

缅怀先烈伟绩　矢志担当实干
——在祭扫射阳县革命烈士陵园仪式上的讲话

（2021年3月31日）

老师们、同学们：

今天我们全校师生，怀着无比崇敬的心情，冒雨来到射阳县革命烈士陵园，祭奠长眠在这里的革命先烈。他们之中有共产党员，也有普通的中华儿女，但他们都为了维护广大人民群众的根本利益，为了保卫祖国、保卫这片神圣的土地，不惜抛头颅、洒热血，献出自己宝贵的生命。

各位老师，我校是射阳县境内唯一一所拥有大专和本科学历教育办学资格的公办高等学校，承担着为地方经济和社会发展培养人才的重任。作为学校教职员工，我们更应该学习革命先烈们无私无畏的精神，锐意进取、认真学习、扎实工作，上好每一天班，上好每一节课。2月26日，县委教育工委、县教育局党委联合印发了《关于在全县教育系统深入开展"担当实干年"活动的实施方案》，这是深入贯彻习近平新时代中国特色社会主义思想的重要举措。我们要认真落实全面从严治党要求，进一步激发全体教职员工的担当热情，弘扬实干拼搏精神，奋力开启射阳开放大学高起点定位高质量发展的新征程。学校党总支将按照文件精神，组织开展"四比四拼"大讨论，即"比状态拼干劲、比担当拼服务、比实绩拼位次、比效能拼作风"，认真查摆存在的问题和不足，定目标计划，亮整改措施，重点解决不作为、慢作为、怕担当等问题，努力凝聚担当实干的思想共识。

各位同学，将来你们大多数人从事的是跟幼儿教育相关的工作，幼教工作一定程度上关系着我们国家和民族的未来。希望同学们学习革命先烈不怕困难，勇往直前的精神，勤思苦读，用先进的教学理念和过硬的专业技能为地方的幼教事业添砖加瓦。不负青春的理想，让梦想之花在奋斗中绽放；不负父母的期待，以良好的学习成绩回报父母和家人；不负老师的厚望，以扎实的技能让生活更美好。要牢记功夫在平时，机遇总是垂青有准备的人。从养成良好习惯开始，从严约束自己，杜绝手机进校园，把心思和精力用在文化知识和专业技能的学习上。始终坚定理想信念,不断磨炼过硬品格,做一个对社会有用的人。

老师们、同学们,今天我们在这里缅怀革命先烈们的丰功伟绩,寄托哀思。借此机会,我希望全体师生,在今后的工作、学习中,时时刻刻谨言慎行,明辨是非,全面提高自身素质,遵纪守法,勤奋学习,积极进取,为民族振兴、国家富强而努力奋斗。

青山埋忠骨,史册载功勋,革命烈士浩气长存,永垂不朽!

努力用创新的思路开创工作的新局面
——在我校新提任中层干部集体谈话会上的讲话

宋扣明

（2021 年 5 月 10 日）

同志们：

根据工作需要，经学校党政班子研究并报县教育局党委会通过，你们的职务得到晋升。今天我受县教育局党委的委托，在我校举行中层干部集体任职谈话会，借此机会，说三点意见供同志们参考。

一、珍惜机遇

岗位调整、职务晋升，是人生追求的重要目标之一，是自身才能、才艺、才智得到组织和群众认可的标志，也是贡献力量、施展才华、发挥水平的有效载体。这次对同志们的任职安排，是学校党总支经过通盘考虑、慎重研究提出的，是你们勤奋工作和不断取得进步的结果，在座各位同志的任职岗位基本涵盖了我们学校的各主要科室和部门，大家走到这一步很不容易。因此，各位要倍加珍惜这样的机遇，珍惜这样的工作岗位。

本次提拔的同志有的是中层副职转正，有的是刚提拔为中层副职，这是我们班子成员对你们工作能力的认可，也是学校所有教职员工对你们的信任。希望大家在新的工作岗位上，敢于担当，勤奋工作，紧紧围绕学校的各个阶段性工作重点，充分发挥自己的聪明才智，力争在各自的工作岗位上作出优异的成绩。

二、创新思路

"十四五"期间正是我校高质量发展的关键时期。通过近年来全校上下共同努力，学校的开放教育全面上水平、登台阶，中职教育成效突出、亮点纷呈,社会教育突破瓶颈、不断优化,各项事业蓬勃健康发展。可以说,现在的射阳开放大学风调雨顺、政通人和,具备了高质量发展的必备条件。同时,随着办学事业的稳步推进,全校师生的教育教学需求要求更高,社会各界的期盼也更强。我校历史上首次设立的对口高考班,承载着学生和家长的期望;村(社区)干部学历提升班,承担着我县乡村振兴人才培养的使命;学校的各项社区培训工作,承担着提高社区居民综合素质的责任。

所有这些都为你们施展才华、加快成长提供了广阔舞台。因此,大家要时刻保持与时俱进的精神状态,把握新的形势,着眼新的实际,总结新的经验,探索新的路径,讲科学、鼓实劲、求实效,通过创新来解决工作中遇到的各种困难。要准确把握"新角色"与"原岗位"的关系,殚精竭虑,突破自我,勇于实践。"惟创新者进,惟创新者强,惟创新者胜"。大家要在继承中创新,在创新中发展,不断推进理论创新、制度创新、科技创新、文化创新以及其他各方面的创新。

我校近期将举办中层干部业务知识培训班,采取集中学习与自学相结合的方式,请大家利用业余时间先学习三篇文章:《愚公移山》、《为人民服务》和《岳阳楼记》。下发的《干好工作十八法》要认真研读,其适用性很强。

三、严格要求

中层干部是学校的骨干和中坚力量,是学校领导班子决策的参与者和执行人。作为学校的中层干部,各方面都要起到模范带头作用。要严格遵守廉洁自律和作风建设纪律规定,始终强化政治意识、责任意识、担当意识、自律意识。

为了用好各个年龄段的干部,充分挖掘全校教职员工的内在潜力和整体力量,这次提拔的同志,既有参加工作不久的年轻同志,也有工作多年的中年同志,既有教学管理部门的同志,也有财务后勤部门的同志。希望大家在新的岗位上都能够遵纪守法、以身作则,多讲奉献、少讲待遇,吃苦在前、享受在后。年轻同志接受新理念的能力强但实践工作经验不足,处理复杂问题的能力和协调解决问题的能力需要进一步培养。中年同志虽然实践工作经验丰富,但需要进一步锻炼接受新理念、新技术、新业务的能力。因此,年轻同志要多学习其他同志处理具体事务的方法,提高自己做具体工作的能力。中年同志要放下架子,主动适应时代的变化,不断学习新的教育理念和教学管理方法。

同志们,新的岗位就是新的挑战,大家要始终保持求真务实的工作作风,切实做到竭心尽力、尽职尽责,全身心投入学校的各项工作中,为学校各项事业的高质量发展贡献智慧和力量。

秉承办学体系传统　加快融合发展步伐

——在率队赴盐城开放大学汇报工作时的发言

（2021年9月3日）

盐城开放大学各位领导：

大家好！

2020至2021学年度，在县委、县政府和江苏开放大学、盐城开放大学的正确领导下，我校始终坚持以教育为先导、以服务为宗旨，认真贯彻落实党的十九届四中、五中全会精神，遵循依法治校、以德育人的办学理念，大力推进素质教育，逐步树立起和谐、发展、崇实、向上的优良校风，社会信誉得到了大幅提高，实现了办学事业的新突破。

一、强化政治引领，着力提升教职工的师德素养

学校党总支十分重视思想政治建设，切实提高政治站位，坚持政治引领，深入推进政治理论学习教育常态化、制度化，不断提升全体教职工的师德素养。

1. 深入开展党史学习教育

按照县委统一部署，校党总支认真学习贯彻中央和省市县委的文件精神，切实提高政治站位，统筹部署安排，精心组织实施。完成动员部署、集中学习宣讲、个人自学、专题讨论、专题党课、组织生活会、民主评议等"规定动作"，还组织开展了争先创优、家风建设、责任落实、典型引路等"自选动作"。组织教职工赴淮海农场、中共华中工委纪念馆、茅山等地接受红色教育，筑牢了党员干部"为民、务实、清廉"的思想根基，牢固确立了党员同志的政治意识、大局意识、核心意识、看齐意识，基层党组织凝聚力、战斗力和党员干部精气神得到提升，典型引领作用得到了彰显。2021年7月，我校党总支被市教育工委和市教育局党委联合表彰为"盐城市教育系统先进基层党组织"。

2. 常态开展思政教育

思政学习坚持"每月一大讲、每周一小讲"，由党员干部、骨干教师轮流主

讲的形式，让全体员工关心国家政策、发展大势。本学年度组织学习了十九届四中、五中全会有关精神，全体教职工收听、收看习近平总书记的"七一"重要讲话；认真学习县第十六届一次党代会精神，组织教师参加县党代会学习内容考核；通过升国旗、主题班会以及学生代表表态发言、签订诚信承诺书等形式，持之以恒地培养了学生平等、公正、诚信的为人准则；学校还积极开展志愿服务活动，积极参与全国文明县城的创建活动，"奉献、友爱、互助、进步"的志愿精神和服务意识已在我校学生的心中生根发芽。

3. 广泛开展"第二课堂"教育

学校图书馆现有藏书6万册，有专门的公共阅读场所，现代办公设备均已普及，各种形式的学习活动开展得如火如荼。本学年度，学校层面开展了教师业务技能比赛、学生读书报告会等，举办了多期家校合作培训班，有力地提升了全校上下的学习氛围，提高了全校教职员工的文明素养。在开放学员层面，与东台开放大学、阜宁开放大学合作，组织了各开放教育学员的"讲好亲子共学故事，促进孩子健康成长"主题赛。学校运用道德讲堂、主题班会、学校宣传栏、道德墙等诸多载体，加强社会主义核心价值观的宣传教育。专门邀请县教师发展中心的历史老师，为对口高考班的学生讲解近现代历史。组织开展"学雷锋精神、树校园新风""文明教室、文明宿舍"评比等活动。通过清明节祭扫烈士陵园活动，培养了学生奉献自我、报效祖国的爱国情怀。通过举办"团干、班干、学干业务培训班"，促进理论和实践相结合，带领学生干部走进基层、走向社会，开阔学生的眼界，拓宽学生的视野，培养学生热爱家乡的情感，充分发挥班干部、团干部、学生会干部在学生和老师之间的桥梁纽带作用，努力把职教班级管理工作落到实处，也培养了学生的责任和担当意识。我们还组织了多次家访活动、家校社区的共建活动，把"崇尚孝道、学会感恩、提升素养"渗透在一次次的具体活动之中。

二、突出教育重点，着力提升服务社会的成效

2020年以来，根据政策和社会需求，校领导班子在充分调研的基础上，结合我校的办学实际，调整专业设置，拓宽办学渠道。学校坚持德育先行，推进校园文化建设和社会实践活动，开展青春期健康教育、安全教育和心理健康教育，着力培育品行正、素质佳、能力优的学前教育和幼儿保育中等专业学生。

1. 中职教育找到新路径

为满足初中毕业生的学习需求，我校设置了对口高考班，为音乐、舞蹈和

美术专业学生的后续发展提供更大的空间。近两个学期以来,开放学员每学期超过400人,这是我校招生的辉煌。我们今年主动与南京城市职业学院、江苏城市职业学院、镇江高等专科学校、扬州市职业大学、盐城幼儿师范高等专科学校、盐城工业职业技术学院等单位对接,商讨"3+3"合作办学、注册入学、社招等事宜,已达成初步合作意向。我校根据实际情况,为全日制职教班级合理设置课程,科学划分课务,编排课表;每周专门开设技能训练课,开设了手工、儿童画、普通话、舞蹈等第二课堂,为同学们提升专业技能提供平台。每学期结束组织成果汇报,对进步明显的学生进行表彰,对学生的优秀作品进行展示。借助元旦和五一、五四等节日契机,举行文艺汇演,同学们的个人才艺得以充分展示。2021年6月26日,全校师生参加了"我的祖国"的快闪活动,作品被推送到江苏学习强国平台。寓教于乐、以文化人、潜移默化,在丰富的活动中,向学生渗透爱岗、敬业、诚信、友善等社会主义核心价值观。

2. 社会教育取得新突破

社会教育是我校面向社会服务的重要内容,学校进一步明确了科室"服务社会"的职能,把组织并实施好社会培训作为回馈社会和校内考核的重要指标。一年来,我校社会教育取得新突破。2020年12月,我校被江苏省社会教育服务指导中心表彰为"社会教育先进集体"。

社会培训持续。2020年以来,新冠肺炎疫情肆虐,社会人员十分关心普通话测试是否举行,我校考虑到社会各方面的需求,经过反复论证后,制订了严密的新冠肺炎疫情防控预案和应急预案。2020年10月和今年4月,我校为全县400多人组织了测试。2020年9月,我校对在校的66名学生免费进行了中级育婴师培训,过关率达96%以上。一年来,我们还分别接待了供电公司、法院、公安局、财政局等单位组织的业务培训约4 000人次。

社会教育成果斐然。继2020年我校申报了两项省级课题后,2021年,学校又成功申报了三个课题,其中"社区教育助力乡村振兴路径研究"获江苏省社会教育服务指导中心重点课题立项,"支持服务社区教育路径研究"获盐城市社科联立项。2020年9月,射阳县社区学院农民画创作学习体验基地获省立项。2021年5月,我校组织在校师生和社区居民参加了江苏省社会教育服务指导中心组织的书法、绘画、朗诵、摄影比赛,各项比赛都取得了喜人的成绩。我校全体教师的三个朗诵作品《红色》《我爱你,中国》和《新四军军歌》均获得省优胜奖;我县的吉东育同志在摄影比赛中获得了老年组一等奖。

3. 开放教育又有新举措

开放教育是我校的主责主业,我校从开放教育的招生抓起,在后续各项工作中,步步留痕,扎实推进。2020年度学校首次被国家开放大学江苏分部表彰为"网上优秀教学管理单位",被江苏开放大学表彰为"招生工作先进单位"。

举办村(社区)干部学历教育。今年初,学校为服务区域经济发展,助力乡村振兴,创新招生模式,主动与县委组织部对接,推动县委组织部《关于实施村(社区)干部学历提升计划的通知》文件的出台,全县238个村(社区)在职在岗干部积极报名参加学历提升教育。6月8日,江苏开放大学党委常委、纪检书记顾新华同志一行八人专门为此来我校调研,这一举措最终得到了江苏开放大学的充分肯定并在全省开放系统内推广。

开展寻访联谊活动。今年,我们还开展了历届开放学员的寻访活动,充分利用学员的优势,推动区域经济发展,筹建了驻盐城、驻宁校友工作联络处,发挥省、市知名校友人脉广、资源多的优势,为我校在读学生提供实习岗位和就业指导。

拓展老年教育。今年秋学期,我们将进一步加大支持服务力度,即将挂牌射阳老年开放大学,与县委老干部局共建联办老年学历提升班、老年人书画培训班等,将我校的开放办学深入推进。

三、注重素能建设,着力提升教职工的业务素养

办人民满意教育,回应人民的期盼。我校确立质量立身、质量立校的教科研意识,实施以教师为主体、教研调研为载体的校本研究,引进激励机制,制订奖励办法,鼓励全体教职工开展教育教学研究,努力构建学习型单位。

1. 抓素能提升

学校全方位提升教师的业务能力和教学水平,以业务学习为引导、公开课教学为平台、教学常规检查为抓手,努力提高教师的业务水平,保证教育教学质量的稳步提高。建立起正常而完备的业务学习制度,每周四教务科组织业务学习、常规检查等活动,促使教师做足备课、上课、作业辅导的功夫。把听课、评课、教学反思作为一种手段,把撰写论文、总结提高作为一种自觉,形成较为浓厚的教研、科研氛围。一学年共开展公开课教学活动50多人次,人均听课10节左右。

2. 抓课题研究

2020年,我校多位教师的教学研究论文在国家、省、市刊物发表。有两个课题获江苏省社会教育服务指导中心立项,2021年学校又有三个课题获省、市立项,其中"社区教育助力乡村振兴路径研究"获江苏省社会教育服务指导

中心重点课题立项,这在我校的课题研究上是个突破。

3. 抓队伍建设

通过教师培训和不同形式的教育教学竞赛,培养出一批"教学能手""先进个人""招生能手"等,为全体教职工树立学习和赶超的榜样与典型。设立专项经费,鼓励教师参加业务培训,提升学历和业务能力。2020年以来,我校教师进行了多次业务能力培训。另外,通过公开招聘、外部招引等方式,配齐配足紧缺学科师资,为新设的职业对口高考班保驾护航。

回顾一年来的工作,在取得上述成绩的同时,我们也清醒地看到自身存在的许多不足。由于近年来没有招聘新人,加之上半年又划走8名编制到县教师发展中心,导致目前我校缺编,一些基础文化课教师不足;对照高质量发展要求,我们在乡村振兴人才培养方面的力度还不够;近期社区教育因疫情原因开展不够正常;等等。这些不足都需要我们在今后的工作中努力改进。

为了推动我校加快高质量发展的步伐,恳请盐城开放大学对我校的工作给予更全面的指导和帮助:

(1) 支持射阳老年开放大学的启动工作。请盐城开放大学的领导参加我校的揭牌仪式,并在老年教育师资方面给予支持和指导。

(2) 支持射阳开放大学立项课题的建设工作,请求安排专人结对指导;支持射阳开放大学出版《桃李春风》《亲子共学故事》等思政专题的校本教材,在发行等方面给予关心。

(3) 支持射阳开放大学申报游学、学习苑等省级社区教育项目,同时明确一批市级社区教育项目。

(4) 积极开展对县级开放大学的评优评先表彰活动,促进青年教师的业务成长,多牵头组织一些校际合作交流活动,带动盐城区域内开放教育、社区教育全面登台阶、上水平。

(5) 利用盐城工学院继续教育学院办学平台的优势,与射阳开放大学联合办学,设立相关成人高考专业,满足社会各类求学人员的多种需求。

备注:2021年暑期,为了发挥开放教育办学体系优势,更好地推进我校高质量发展走在前列,上级有关部门对盐城开放大学领导班子进行了调整。9月3日,我校组织党政班子及部分中层干部赴盐城开放大学汇报工作,寻求进一步关心与支持。

咬定全年目标　确保圆满收官
——在射阳开放大学双周五工作例会上的讲话

宋扣明

（2021年12月24日）

同志们：

根据本学期的工作安排，2022年1月21日就要放寒假了。除去寒假前的九天假期，本学期的实际有效工作时间还剩不到二十天。目前正处于全年收官阶段，抓好当前工作显得十分关键、尤为重要，我们必须充分发挥学校党组织的战斗堡垒作用和共产党员的先锋模范作用，站好岗、上好课，坚持"稳"字当头，稳步推动、稳打稳扎、稳中求进，持续推进我校高质量发展走在全省办学体系前列。

一、精心准备好"迎新年·庆元旦"师生文艺汇演

文艺汇演是校园文化的集中体现，是展示师生综合技能的重要平台，也是我校多年来的传统项目，深受广大师生和家长的欢迎。请相关条线人员在前期精心准备的基础上，再组织一次彩排。总体要求是，参与演出人员要多，让师生们都有登台出彩的机会；演出节目要贴近时代、贴近生活、贴近实际，最"乡土"接地气的节目也最能打动人心；要结合第二课堂展示平时训练的功夫，运用所学课文排演课本剧，结合我县的经济社会事业发展编排形式多样的节目。

二、扎实启动好省级"养教联动"基地项目

我校与射阳县养老中心联合申报的"养教联动"基地项目，是盐城市唯一一家通过江苏开放大学、江苏省社会教育服务指导中心立项评审，被授予"江苏省'养教联动'基地"称号的项目。这也是三年来，盐城市获得的第一个养

与教深度融合发展的项目。我们要按照省级项目的标准与要求,健全组织体制,细化工作方案,明确具体任务,以打造全省示范型养教联动基地为目标追求,精益求精,高效组织,让养老中心的上百名老年朋友们得到实惠,为全省提供示范样板。

三、持续组织好"国开"网上教学竞赛活动

国家开放大学形考作业及大作业快要截止了,国开课程老师必须抓紧做好作业批改工作,并按照所任教班级点对点地通知班主任,同时把成绩发给他们,尽可能地组织师生进行一次"回头看",以便查漏补缺。国开班主任迅速通知到所有学员,个别学员在群里未回消息的,请一对一地交待学员迅速完成,还可以借助25日的网络考试时间进行落实,确保所负责班级学员能较好地完成学习任务。国开课程老师过一段时间再进行批改并和班主任对接,任课老师每门课程不少于两次对接督促,特别不要忘记重修学员课程作业的批改,对接工作将作为本月国开教学竞赛评奖的先决条件,未对接的或对接不到位的,予以一票否决。

四、认真填报好各类报表并做好学期总结和评优争先工作

要按照县教育局的要求,准确填报好事业单位相关报表。这项工作要做实做细,既要实事求是,又要出新出效。各科室都要对本学期工作进行小结,总结成绩,找出不足,并对下学期工作提出设想和规划。同时做好民主评议党员工作,对照相关文件,择优推荐先进人选,保证先进人物的典型性和代表性。

五、及早谋划好春学期开放教育招生工作

日前,江苏开放大学春学期招生平台已开放,可以接受开放教育新生报名。寒假期间是招生宣传最好的阶段,希望大家利用走访亲友的机会,宣传继续教育的好处与优势,尽可能扩大覆盖面,为更多求学的社会各界人士提供学习支持服务。请开放教育科筹备好招生专题工作会议,努力取得实效。

六、统筹兼顾好财务增收节支和开源节流工作

疫情已持续两年多时间，各地经济下行的压力增大。我们要保持艰苦奋斗、厉行节约的优良作风，从严从简，勤俭办一切事务。严控"三公"经费支出，杜绝浪费。不仅要最大限度压减支出、保障重点，更要千方百计培植财源、挖潜增收，努力实现年度财政收支平衡。

七、坚持学习好"学习强国"

"学习强国"平台是党员干部增长知识、查阅资料、锻炼本领的有力帮手，请大家坚持每天登录学习，养成浏览习惯，尽可能多得分，争当全县"学习强国"百佳学习标兵。请校长办牵头做好投稿宣传工作，宣传推介我校的办学亮点和办学特色。

八、合理安排好中职学生毕业后的就业与升学

学校是成就学生、放飞梦想的地方，作为教育工作者，我们知道肩上的使命与责任，对近几届中职学生采取了多种有效帮助学习的措施与形式：对2018级以前毕业的中职学生，通过多次对接，与镇江高等专科学校合作，通过社招举办学前教育大专班，线下教学就安排在我校，方便这些同学一边工作一边学习。三年后，可以拿到全日制大专文凭，有利于参加各类入编考试。对2019级愿意参加对口高考的，单独组建一个班，他们将于2022年4月参加职教高考，进入大专院校继续深造。对明年秋学期的2022级幼儿保育班，正在与南京城市职业学院对接"3+3"直升事宜。切实减轻中职学生生活支出，目前一天只收17元低廉的伙食费，只相当于民办学校一顿午饭的钱，但学生的营养要保证，体现公办学校的担当。中职学生的课外复习资料费用也由学校承担。

九、过硬组建好志愿服务队伍并筹备开设"心灵惠语"心理咨询微信公众号

结合创建文明城市目标要求，做好包干区的相关工作。组建作风过硬的志愿服务队伍，致力于将志愿服务队伍建设成为一支"拉得出、打得响"的品

牌队伍,推动我校志愿服务活动出亮点、上水平。积极筹备"心灵惠语"微信公众号,做好师生心理咨询服务活动,保障我校师生的心理咨询需求。

十、在全面从严治党中扎实推进纪律作风建设

要高度重视师德师风和作风建设工作,以县内外的反面典型时时、处处警醒自己,做到"勿以善小而不为,勿以恶小而为之"。以过硬的作风开创工作新局面,发扬彻底的自我革命精神,建设人民满意的教育品牌。师德师风和作风建设永远在路上。

2021年即将过去,翻开岁月沉甸甸的日志,每一页都留下了同志们辛勤的汗水和奋进的足迹。在此,我向全体教职员工表示诚挚的感谢,并衷心希望大家在新的一年中,一如既往,做好工作,同心协力,创造射阳开放大学新的辉煌!

努力创造人生出彩的机会[1]

——在2022届职教高考动员会上的讲话

(2022年5月18日)

老师们、同学们：

大家好！

再过60多个小时，同学们就要奔赴职教高考的战场了！三年前，你们怀着对人生的美好追求，来到射阳开放大学这所有着优良传统的校园，开始了充实而富有意义的求学历程。三年的求知路，凝聚着老师们的心血与汗水，凝聚着父母的关爱与期望，更留下了你们执着的追求和拼搏的足迹。今天，在你们即将奔赴高考战场的重要时刻，我借此机会向同学们提出如下建议和要求：

一、要调整好考前和考试时的心理状态，树立必胜信念

越是临近高考，心态的调节越重要。可以这么说，调节好心态是高考成功的前提。我们每一位同学都要树立必胜的信念。莎士比亚说过："自信是走向成功的第一步，缺乏自信是失败的主要原因。"这句话告诉我们，要取得成功，对自己目标的信心是很重要的，这也是高考的心理准备。"信心是基石，拼搏是保障"。充满信心，是决战高考的前提。要相信自己的能力，相信老师、家长和学校是你们勇往直前的最坚强后盾。只有拥有信心，才可能拥抱成功；只有树立信心，才能挥洒自如，超常发挥。

同学们，为了帮助大家树立必胜信念，我从两方面来分析一下：

第一，我们碰上了现代职业教育高质量发展的大好机遇。告诉大家几个利好消息：

1. 中共中央办公厅、国务院办公厅2021年10月印发的《关于推动现代职业教育高质量发展的意见》中明确提出了"到2025年，职业本科教育招生规模不低于高等职业教育招生规模的10%"的目标任务。根据教育部最新公布

的全国教育事业统计结果，2021年全国高职招生556.72万人，其中职业本科招生4.14万人，占比仅为0.74%。这个数据意味着，在4年内职业本科教育招生规模将扩大至今天的13.51倍！

2. 我国"十四五"规划提出实施现代职业技术教育质量提升计划，要求稳步发展职业本科教育。职业本科教育的地位和作用将日益凸显，专家直接断言：将有大量的民办高职院校、公办高职及独立学院等发展为职业本科学校。

3. 在职业本科教育发展完善的过程中，专业是关键。《关于推动现代职业教育高质量发展的意见》中明确提出，要加快建设学前、护理、康养、家政等一批人才紧缺的专业。

这三个消息意味着什么？意味着中职、高职专科、职教本科衔接贯通的培养体系已经形成，职业教育止步于专科层次的"天花板"的局面将被打破。同学们，我们先考上大专，然后可以通过"专转本"考试获得本科学历教育的机会大大增加了。

第二，我们要正确认识自己的竞争对手，做到知己知彼，百战不殆。虽然我们报考的大类是市场营销，但大部分市场营销专业的学生，他们仍然会报考市场营销专业，而跟我们一样报考"婴幼儿托育服务与管理"专业的学生基本上是原幼师专业的，跟我们一样专业不对口，学习的起点是一样的。

所以，现在有没有信心？同学们，高考在很大程度上其实就是一场与自己的较量，你们要挑战的就是你们自己！在这最后的几天复习时间里，你们首先要在精神上赢得高考，坚决反对定局论、失败论！要有冲刺高考、拼搏高考、体验高考、享受高考的积极心态。

二、要掌握应试技巧、规范解题、沉着应考

提供两个应试技巧供大家参考：

第一，要以一颗平常心对待高考。

高考是决定人生的一场硬仗，我们每个人都期待自己能考出水平，有超水平发挥。但决定高考成败的关键点之一，便是要有一颗平常心。在做题时，我们只要能够把注意点、着力点、兴奋点放在一道道试题的解答上，就能成功化解考前的紧张和压力，考起试来也就会得心应手，正常发挥。每场考试、每科考试，我们都会有得有失，这是很正常的。因此不要踌躇不决，思前虑后，想得太多。

每考完一门，大家要尽快把注意力转移到下一门考试中，不必再对此前

的考试耿耿于怀。要提得起、放得下。每一科考试过后要做到"三不"：不同别人对答案，不讨论不会做的题，不找老师解答考试题。决不能一碰到问题就灰心丧气，要有恒心，要有锲而不舍的精神，不管前面的学科考得如何，都坚持考到最后一科、最后一秒。

我们要善于自我调节，只有想得越少，遗憾才会越小，要学会自我减压。考试期间要吃饱睡好，轻装上阵，冷静思考，细心答卷。要保持一颗平常心，只要我们把会做的题做对了，做对的题拿到分了，就一定会取得属于自己的那一份成功。

第二，要通览全卷，做到心中有数。

一般情况下，同学们总喜欢"循序渐进"做题目，看一题做一题，其实这种答题法不够科学。有时一道题卡在那里，后面还是未知地带，心里一急，就有可能做得一塌糊涂。事后看看，卡住了的题也不难，可它一下子蹦到前面，确也不容易思考出来。所以，最好的办法是，动笔之前先把后面的大题看一遍，看时稍加思索，想想有什么解法，或者大致的解题方向，或者第一步怎么走，然后就可以看下一题。由于是粗看，可能什么也未想出来，但这题至少对于你已不再是陌生题，后面再看到它时，就不会紧张地"仰视"它，而能够轻松地"俯视"它，因为它是熟悉的，你对题意的理解也会更深入。总之，考试开始时，不要急急忙忙就拿起笔来答题，而要花上几分钟时间，将卷子粗粗看一遍，这样做往往事半功倍。

三、要遵守考试守则，杜绝一切考试作弊形式

要严格遵守《考生守则》、遵守考试纪律，任何人不得抱有侥幸心理、以身试法。现在的考场都是标准化考场，全程录像。一旦出现违规行为，即使不被监考老师发现，也往往会被周围的其他考生举报。往年已出现过这样的案例，千万不要因小失大。特别提醒：不要萌生和实施传递或抄袭行为；不能有提前或延时答题的行为；不能佩戴手表参加考试、不要随身携带金属物品（手机肯定不行），不要穿戴含有金属饰物的服饰；考试中途不得上厕所；考试过程中试卷及答题纸放置要与肩同宽；准考证上不得有机打的作弊内容。

四、加强安全意识、守纪意识，保证平安、顺利地完成高考

高考凭实力、靠智力、拼毅力，更是细心的大比拼。这种细心体现在方方

面面，比如你的安全意识、守纪意识、疫情防控意识。考试期间每天来学校前，大家要细心地检查应带的各种考试用具（考生不能互相借用文具）及各种证件。在考试期间，一定要注意饮食卫生，切忌暴饮暴食、饮食过量，或食用生冷食品。要细心地注意来往的交通安全，走读生要按时到达学校，最好家长接送。要配合考点做好各项疫情防控工作，比如必须佩戴一次性医用外科口罩进入考点；进入考点时须主动出示"苏康码""行程码""48小时内核酸检测阴性报告""健康承诺书""健康状况报告表"。在参加最后一场考试时，要将"健康承诺书"和"健康状况报告表"一并交给考场监考员。准考证要一直保存到专科第二批次录取结束。

　　同学们，冲刺高考的号角已经吹响，我们倒不必将高考当作战场。我认为，对我们幼师专业的学生来说，高考更是展现自我的舞台。风从湖面走过，会留下粼粼的波纹；岁月从森林走过，会留下串串年轮。同学们，当我们从高考的舞台走过，该留下什么呢？我们应当迈出坚定的步伐，在人生的道路上尽情舞蹈，放声歌唱，旋转出属于我们自己的最美篇章。

　　"沅舞视野阔，风正好扬帆"。你们就要从校园起飞，带着同学兄弟姐妹般的情谊，带着老师真诚的祝福，在母校深情的目光中，踏上人生新的征程。在此，我谨代表校长室向你们表示最热烈的祝贺和最美好的祝愿！

　　祝愿你们高考成功、人生出彩、未来可期！

参考文献

[1] 为进一步做好2022届职教高考备考工作，增强学生高考信心，调适学生考前情绪，确保高考顺利、安全进行，我校于5月18日下午在教学楼503会议室召开考前动员大会。根据议程安排，由我做总结讲话，鼓励同学们以最佳的状态投入高考，以不懈奋斗绽放自己的生命光彩。

做一颗永不生锈的螺丝钉

——在校长办公室全体人员会议上的讲话

(2022年6月13日)

同志们：

根据工作需要，近期校党总支、校长室对校长办公室负责人进行了调整。刚才，副校长陈学林对校长办人员进行了工作分工。目前的校长办是我校年龄较轻、实力最强的科室。下面我就如何做好校长办的工作讲几点意见，供大家在实际工作中参考。

一、准确理解校长办的角色定位，从内心深处介入工作

办公室作为窗口部门，属于服务行业，工作的主要任务就是服务于领导，服务于同事，服务于学校。

1. 需要敬业奉献的精神。办公室是锻炼人的地方，也是使人成长的岗位，最能反映一个人的综合素养和实力。日常工作中的上下衔接、左右协调、及时上报，是不分上下班时间的。

2. 需要吃苦耐劳的品格。办公室工作最忙，平时做的都是琐碎的事，也是信息集散地。大家要逐步养成埋头苦干的基本功，要有"板凳甘坐十年冷"的决心，始终做到心中有学校、心中有学生、心中有追求。

3. 需要宽阔坦荡的胸襟。办公室的工作要坚持大事讲原则，小事讲风格。要受得了委屈，沉得住气。俗话说：不经历风雨，哪能见彩虹？事物都是普遍联系、相辅相成的，权利、责任、义务也永远都是等同的。

4. 需要灵活创新的思维。办公室全体同志是一个团队，要发挥团队的凝聚力、创造力、向心力，做到合理分工、紧凑高效。勤于思考，做一个有创新思想的人，充分发挥参谋、助手作用。时刻想在前、走在前、做在前，敢于担当，勇于负责，善作善成。

二、树立五种意识,不断提高工作能力

1. 团结意识。就是识大体、顾大局,时时处处以学校大局为重。说话做事注意自己的身份。切不可无中生有、搬弄是非;相互补台、好事连台;相互拆台、一起垮台。团结出战斗力,团结出干部。通过扎实的工作将办公室打造成充满活力、充满朝气、充满激情的精品团队。

2. 学习意识。"工欲善其事,必先利其器。"建议大家都学习一下办公室工作规范,了解公文管理流程,提高办文、办会、办事的效率。抽出时间进一步学习写作知识、宣传报道技巧,以及与人愉快相处的经验、做法。取长补短,相得益彰。

3. 保密意识。要做到内外有别,文件、材料及时签收、交办。上级来人、开会根据工作需要通知到知晓层面。建立微信、QQ 群,严守发通知事先审批制度。上报的表彰事项文件属于保密范畴,在会办确定公示前不外传。

4. 争先意识。"佛争一炉香,人争一口气。"办公室的同志要围绕校党总支、校长室的工作目标和工作重点,有的放矢,拾遗补阙,全力服务于打造全省县级开放大学排头兵。

5. 守纪意识。认真学习文件汇编,带头做好"志存高远、敬业爱生"师德师风主题教育。知红线、守底线,大家都做一颗永不生锈的螺丝钉。

三、抓好当前八项工作,迅速打开工作局面

1. 精心安排好每月的党日集中活动。及早谋划本月党员集中活动内容,坚持吃透上情,结合校情。每次突出一项重点,做好党员积分考核并公布上墙。

2. 正常做好微信公众号内容发布,一般一周一篇。

3. 筹划好省成协农专委秘书处的日常工作。

4. 做好上级来访接待工作,做到节俭、热情。

5. 积极参与论文、课题写作。

6. 正常保持同教育行政部门、开放大学条线间的联系。

7. 做好日常值班值守工作,从周一到周日明确到具体责任人。

8. 抓紧准备本月师生文艺汇演工作。

稳妥有序　高效落实
扎实抓好 2022 年春学期结束前的各项工作

——在学校全体教职员工周前会上的讲话

(2022 年 6 月 16 日)

同志们：

2022 年春学期就要结束了,学校即将进入最为忙碌的一个阶段。各科室要结合学校工作实际,详细部署期末各项工作,认真梳理本学期工作亮点,总结经验得失；各位班主任要认真填写学生操行评语,做到对学生评价中肯,找到学生闪光点；各位任课教师要认真回顾本学期工作,切实做好期末工作总结,找准下学期工作的切入点和突破口,推动各项工作再上新台阶。

一、从严从紧从细从实做好考务组织工作

6 月 18 日、19 日江开网考,6 月 25 日、26 日国开网考,6 月 27 日、28 日中职学生期末考试,7 月 2 日、3 日国开纸质考试。请开教科、职教科等科室做好相关安排。从考场的布置到考试期间的秩序、考风考纪情况等细节入手,努力营造风清气正的考试环境。在疫情防控常态化时期,一定要克服习以为常、老生常谈的心态,注重每一个细节,组织好每一场考试。切实加强开放教育考试手机管理,杜绝出现网络不良舆情,切实把考风考纪建设工作落到实处。

因疫情防控需要,江苏开放大学未毕业学员的春学期期末考试时间暂时还没有确定,到时我校参加考试的人数较多,监考的任务较重。没有特殊情况的老师都要参加监考。

二、从严从紧从细从实做好服务保障工作

6 月 17 日上午八点半,县总工会在我校远程楼微机房开展"求学圆梦"活

动,主要对象就是今年新招的江开学员。6月29日下午,东台、阜宁、射阳三所开放大学联合举行"亲子共学故事"征文评选暨师生文艺汇演,东台、阜宁都将带来精彩的节目与会。有朋自外县来,不亦乐乎!各科室要切实增强我校作为举办地的荣誉感和责任感,坚决承担起义不容辞的责任,以从严从紧从细从实的作风,全力以赴做好服务工作。近期,江苏开放大学将有领导带队来我县开展"访企拓岗"活动,我校要事先与知名校友企业对接,摸排好岗位需求,为毕业大学生尽快找到工作尽一份力量。

三、从严从紧从细从实做好风险防范工作

本月是安全生产宣传月,安全工作无小事。前不久,市委、市政府主要领导专题听取校园安全工作汇报,这在历史上还是第一次。各职能科室要通过班会、黑板报、微信公众号等形式对学生进行集中安全教育,特别要加强饮食卫生、交通、防火、防溺水等方面的安全教育;要继续巩固大走访成果,深入开展党员干部、教师结对帮扶困境学生活动,努力让每一个学生都能健康成长,不让一个学生因经济困难而失学,不让一个学生因学业困难而掉队,不让一个学生因心灵困惑而迷失方向;要认真对待"四特"学生(特殊家庭、特殊体质、特殊心理、特殊行为),扎实开展家校共育。初步计划在29日下午召开家长会,落实假期安全专题教育活动,布置中职学生假期社会实践任务;要坚持家校共建常态化,倡导家长好好学习,孩子天天向上,让父母与孩子共同成长。

让孩子过一个有意义、充实的暑假
——在学校中职学生家长会上的讲话

(2022年6月24日)

各位家长：

首先，对各位家长能抽出时间来我校参加这次家长会表示衷心的感谢！感谢各位对我校教育、教学工作的支持。

本学期，在各位家长的密切配合下，在各位任课教师的悉心教育下，孩子们各方面均取得了不同程度的进步。再过几天，就要放暑假了。在座的各位孩子即将分别升入高二和高三。特别是2020级的孩子，今年11月份就将参加学业水平测试，明年4月份参加职教高考，能够认真准备的时间并不多。对照学业水平测试和职教高考的要求，我们感到差距很大，要想取得好成绩，必须请家长、学生和学校三个方面共同努力，做到同时发力、同向发力、综合发力。

今天，我们召开这个家长会的目的，就是加强学校与家长、家长与家长、家长与学生之间的联系，相互交流一下学生在校及在家的学习、生活情况，以便老师能够及时调整工作重点，不断提高教育教学质量，同时促使家长也能够积极参与到学生的教育管理中来。

刚才副校长陈学林就《中华人民共和国家庭教育促进法》与各位进行了简要的宣传与解答，唐惠老师从心理健康的角度就如何做一个合格的家长和大家进行了交流。

接下来我主要和大家交流一下如何科学合理地安排孩子们的暑假生活。

一、培养孩子良好的学习习惯和用眼习惯

首先，告诉大家一个利好的消息：

中共中央办公厅、国务院办公厅于2021年10月印发的《关于推动现代职业教育高质量发展的意见》中明确提出了"到2025年，职业本科教育招生规模

不低于高等职业教育招生规模的10％"的目标任务。根据教育部最新公布的全国教育事业统计结果，2021年全国高职招生556.72万人，其中职业本科招生4.14万人，占比仅为0.74％。这个数据意味着：在4年内职业本科教育招生规模将扩大至今天的13.51倍。这样一来，我们的学生将有很大的机会升入本科院校就读。

作为家长，大家要好好利用暑期近两个月的时间，下功夫培养孩子的学习习惯，引导孩子端正学习态度，主动、自觉、认真地完成各类作业，努力营造良好的家庭学习氛围。秋学期开学后，学校将组织老师对孩子们的暑假作业认真批改并及时反馈。这里我建议，有条件的家庭可以为孩子配备一台台式电脑或笔记本便携式电脑，这样孩子在家上网课、查找资料的时候就可以远离手机了。手机屏幕太小，不仅影响孩子学习效果，还容易影响孩子的视力。

二、培养孩子做一个有担当的人

家庭教育是培养孩子拥有担当意识最关键的一环，培养孩子成为一个有担当的人，对孩子的一生影响非常大。当孩子犯错时，如果我们只是一味地指责孩子，或者一味地包庇孩子，不去引导孩子分析错误、解决问题，对孩子不管不问任其发展，那孩子必然会缺乏责任感、不懂得担当！

因此，我们要帮助孩子弄清究竟什么是担当。担当有时候仅仅是做好分内的事情，做好一些平凡无奇的小事；有时候是他人的重托，是攸关多人利益的大事。担当首先是要对自己负责，了解自己的行为会导致怎样的后果，这是一个人成熟的标志，也是青少年"成人"的第一步。这里我向大家推荐一部电视连续剧《觉醒年代》，大家可以利用暑假时间和孩子一起观看，让孩子深刻了解建党之初那段充满激情、充满担当的硝烟弥漫的历史，懂得珍惜现在的美好幸福生活，给孩子们内心播下一颗勇于担当、勇于奋斗、感恩奉献的种子。

三、教育孩子合理安排假期作业

每个假期，我们都会给学生布置一定的假期作业，目的是避免学生长时间放假而对知识回生。家长要给孩子每天安排一个时段完成作业，千万不能走两个极端，或是用几天工夫把假期的作业全部都做完，然后尽情地玩；或是先整天疯玩，到要开学前再突击恶补。

现在的孩子用于阅读的时间很少,我们家长应该利用暑假充裕的时间,与孩子一起制订暑期读书计划,读几本好书。有时不经意的阅读,会为孩子们今后的人生感悟打下扎实的基础。在这里推荐几本书:我国四大名著之首的《红楼梦》,近现代小说中的沈从文的《边城》,外国文学中的雨果的《巴黎圣母院》等。

四、教育孩子注意假期个人安全

在假期中,我们希望家长不管多忙,一定要对孩子的假期安全问题引起重视,多给孩子讲一些安全知识,关注孩子的假期安全。以往各地的教训告诉我们:假日往往也是学生发生各种问题的高峰期。

第一,是要教育孩子注意交通安全。暑假是交通事故的高峰期,作为家长,要把孩子的安全防护提上重要日程,因为交通事故一旦发生,将有可能给孩子带来一辈子的灾难。第二,要教育孩子远离网吧、歌厅等场所。大量的案例证明,网吧、歌厅等场所容易藏污纳垢,是毒害青少年思想和身体的主要场所,同时也是犯罪分子寻找侵害对象和下手目标的主要场所。因此,教育孩子远离这些场所,既是孩子避免人身伤害的安全需要,也是保护孩子身心健康的需要。第三,要教育孩子交好朋友。暑假时间较长,孩子在家比较清闲,同学、朋友相互走动交往是很正常的,也是很有必要的。但是,作为家长,一定要关注孩子的交际圈子。要给孩子交友把关,要交好朋友,千万不要交"损友"。这样,既可让孩子多学些知识和本领,又不至于出现行为"走偏"现象,这种意义的"安全",与孩子人身的安全同等重要。这种安全做到了,不仅对孩子有好处,而且对整个家庭和社会都有好处。

家长朋友们,家教是家规家训家风的根本,优良家风的形成靠家教,家规家训的落实也靠家教。父母是一个需要终身学习的职业。《中华人民共和国家庭教育促进法》的实施,标志着家庭教育正式由"家事"上升为"国事"。孩子的成长需要你们关注,孩子的学习需要你们协助,学校的发展需要你们的支持,希望大家对学校的教育教学工作提出宝贵的建议。

谢谢大家!

长风破浪正当时

——在响水县开放教育考察团参观学习座谈会上的发言

(2022年7月9日)

各位领导,各位同仁:

大家下午好!

时值炎炎夏日,盐城开放大学陈校长和响水县张炜生副县长一行莅临我县,送教上门、传经送宝。我首先代表射阳开放大学全体师生员工对各位领导来我校检查指导工作表示热烈的欢迎!我们倍加珍惜、倍感亲切,这是对我校各项工作的鼓励和鞭策,必将为我校今后高质量发展注入强劲动力。

下面我就学校的各类教育教学情况向各位领导、各位同仁作一个汇报。

一、基本情况

我校成立于1980年,现有教职员工63人,其中获得高级以上职称的有29人。现有开放教育、奥鹏教育、社会教育和中职教育四大板块,其中开放在读学员2 204人,奥鹏在读学员209人,中职在读学生212人。2021年实现预算外收入420余万元。

二、办学理念

校党总支全面贯彻党的教育方针,深入落实习近平总书记关于教育的系列重要论述,坚决履行好党管教育的政治责任,把立德树人作为根本任务,把办人民满意的教育作为根本标准,把改革创新作为根本动力,努力交出一份让人民群众一年更比一年满意的开放教育答卷。

三、具体做法

（一）树立高目标追求意识

以打造全省县级开放大学排头兵作为十四五期间我校的奋斗目标。2021 年进入全市前三位，2022 年进入全市前二位，成为全省领先、全国有影响的基层开放大学。

具体指标：

1. 招生：每学年招收开放学员 700 人以上，中职教育 100 人以上，各类社会培训 5 000 人以上。

2. 教学：国开网上教学 14 项指标位列全省前 10 名，学士学位授予率占全省开放教育总数 3% 以上，开放教育毕业率达 95% 以上。

3. 课题与科研：每学年获市级以上课题 2 个以上，教学论文在省级以上刊物上发表 10 篇以上。

4. 项目：每年申报成功省级以上项目 1 个以上，争取无偿资金 10 万元以上。

5. 获奖：集体与个人市以上获奖各不少于三项。

（二）夯实高质量发展举措

方向明确，路径准确。

1. 精准发力——选准主攻方向，突破薄弱环节

以建设学习型社会为目标，依托开放大学现有的教育资源，积极发挥社区教育的龙头作用，在推进社区教育中努力开拓创新，为我县社区教育事业的发展和壮大作出应有的贡献。

2020 年以来，我校相继打造出了"养教联动""游学基地""优质项目化基地""学习体验基地"等一系列作用明显的社区教育项目，全面提升了射阳县社区教育品质，提高了服务地方经济和社会发展的实效。

多年来，学校竭诚为社区居民服务，为社区居民提供多次学习机会，先后带领专业老师、学生志愿者开展送教上门活动，为县公安局、县养老中心、县委老干部局、县科协、发鸿社区、虹亚社区等单位干部职工举办智能技术应用、防范金融诈骗知识等培训。极大地提升了社区居民的综合素质，深化了社区教育内涵，使社区教育工作再上新台阶。

2. 持续发力——久久为功、滴水穿石

学校每学期开学初都要举行开放教育新生开学典礼，让学员对学校有一

个基本的了解,对即将到来的开放课程学习有一个正确的认识,对自己今后的学习有一个合理的定位,增强他们对学校的归属感。

学员代表座谈会,一直是我校落实"不忘初心、牢记使命"主题教育要求的重要调研活动。自2020年以来,学校每年都组织开放教育学员代表座谈会,听取学员们各自在学校学习、生活的感受以及围绕教学管理、课程设置、实践教学和教学环境等方面提出的意见和建议。学校加强对学员的了解,对人才培养中的问题进行梳理与整改,切实提高开放教育人才培养质量,办好人民满意的教育。

学校每个学期都会对开放学员的学习情况进行调研,对学习困难的开放学员提供优质而贴心的送教上门服务,加深开放学员对开放教育的认识,实现不脱产不离岗,轻轻松松学习,开开心心工作,学习工作两不误的愿望,切实解决部分学员在学习中遇到的问题。

为提高我校开放教育教学质量,确保更有效地为学生自主学习提供支持服务,促进教师网上教学能力的提升,学校每学期都组织开展国家开放大学网上教学竞赛,促进了整体教学水平的提高。

3. 协同发力——发挥团队作用,加强队伍建设

制定《射阳开放大学关于进一步加强师德师风建设工作的实施意见》,强化对教师的思想道德教育和职业责任意识教育。坚持把师德师风建设作为教师素质评价的第一标准,严格教师职业行为管理。每学期都举行教学竞赛活动,进一步推动了学校教学改革进程,促进了教师专业发展,提高了教师教学设计能力。同时,加大对教师的培训力度,积极创造条件让教师通过各种途径到市内外培训、参赛。不断创造机会让我校教师走出去,同丹阳、盐城、东台、阜宁、建湖等地的优秀教师开展教学研究活动,进一步提高教师专业技能。

同时,学校还利用每周四下午业务学习的机会,开展一系列教师教学能力提升培训活动。2021年10月15日下午,我校在学术报告厅举行了首届青蓝工程师徒结对仪式。接下来,全体开放教育教师将以师徒结对的形式,组成师徒互助二人小组,由经验丰富的"师傅"对"徒弟"传授教育教学实战经验,让青年教师尽快成熟起来,以实现"以老带新"的目标,着力培养学校教育后备力量。

4. 创新发力——努力用行动和成效赢得社会各界的关心与支持

2021年,射阳开放大学开放教育排名全市第二,国开网上教学竞赛成绩在全省列第七位;社区教育排名在全市位列第四名,连续两年获得全省社会

教育先进集体光荣称号。这是在县委、县政府正确领导下取得的荣耀,是上级开放大学悉心指导凝聚的结晶,是全体教职员工凝心聚力、团结奋斗结出的丰硕成果。2021年3月,我校培养乡村人才做法被江苏开放大学列为典型经验推广;2021年6月8日,江苏开放大学纪委书记顾新华一行七人来我校就乡村振兴人才培养工作进行调研指导;2021年11月12日,江苏开放大学党委常委、副校长尤佳春一行来我校调研思想政治工作;2022年6月7日,盐城开放大学赴我校举行市级"游学基地""优质项目化基地"授牌仪式。接下来,我校将进一步加强精细管理,努力提高教学质量,全力办人民满意的教育。

(三)凝聚高效率工作氛围

进位争先,以文化人,领导带头。

1. 以学生为中心,全过程育人、全方位育人,让中职学生先成人再成才,让开放学员插上腾飞的翅膀。对2018年以前毕业的中职学生,经我校与镇江市高等专科学校对接,通过社招形式,录取近20名已经工作的学生参加函授学习,毕业后拿全日制大专文凭。认真落实《家庭教育促进法》《职业教育法》,努力让先天不足的落后者再次赢得人生出彩的机会。学校于2020年秋学期开始,招生组建了职业高校对口高考班,目前已有高一、高二两个年级的学生在读,学习气氛浓厚,成绩进步明显,有望在职业高校对口单招中取得较好成绩。联合东台开放大学、阜宁开放大学连续三届举办"讲好亲子共学故事、促进子女茁壮成长"征文评比活动,通过提升学生的自主学习意识和学习习惯来提高学生自身的综合素质,通过提升家庭教育中言传身教的影响,实现在家庭中共学共读共成长,形成"学校引领学员,学员影响家庭,家庭推动社会"的良好的全民学习氛围。

2. 尊重教师个性发展,最大限度激发内生动力。全面提升教师能力素养,关心教师身心健康,让每一位教师都以在开放大学任教而光荣自豪,射阳开放大学因每一位教师的辛勤耕耘而更加出彩。2020年1月15日,举行社校联欢暨新春茶话会;2021年1月14日,举办首届女职工趣味运动会;2021年3月8日,举办首届三八妇女节团建活动;2021年4月5日,组织全体教职工赴句容市参观茅山新四军纪念馆;2021年6月26日,在县吾悦广场举行唱红歌活动……学校通过一系列活动,充分调动教师工作积极性,促进学校各项工作稳步发展。

3. 坚持领导带头。学校领导班子一直以来始终自觉增强责任感、紧迫感,主动融入,准确定位,勇挑重担,义无反顾地承担起党和人民赋予的历史使命,真正把心思用在工作上,身子扑在事业上。积极作为,努力作为,大胆作为,始终保持奋发有为的精神状态,围绕中心,服务大局,以实为本,以干为荣。疫情发生以来,学校领导班子成员一直坚守在学校,坚持与一线执勤人员一起研究分析疫情,学习防控知识,研究防控设备使用,调配执勤人员,部署防控工作,落实学校疫情防控领导小组工作安排。

四、存在问题与不足

1. 党建引领工作还须加强,必须充分发挥普通党员的先锋模范作用。
2. 教师队伍知识结构和年龄结构不够合理,缺少青年教师,尤其是数学教师。
3. 社会教育面上不够均衡。社区学院龙头作用发挥不够。

五、今后的努力方向

1. 进一步解放思想、求真务实,不断在实践中学习经验、总结规律,努力推动学校办学事业的高质量发展。
2. 进一步开拓进取、致力创新,坚守认真负责的科学态度,为学校教育事业的发展再谱新篇章。
3. 思路决定出路,格局决定结局。射阳开放大学将坚定不移地走内涵式发展、高质量发展之路,不辱使命、不负时光,干出业绩,向党和人民交上一份圆满的答卷。

细化考务流程　提升服务品质

——在江开期末考试考务工作会议上的讲话

（2022年7月15日）

各位老师：

明天我们将迎来本学期江苏开放大学的期末考试，本次考试的考务工作时间紧、任务重，基本上学校所有教职工都需要参与本次考试的监考、服务工作。接下来，希望大家能够继续发扬甘于奉献的精神，在思想上高度重视，严格规范地做好本次江苏开放大学期末考试的组织和服务工作。

刚才杨贵凤副校长强调了本次考试的纪律规定和具体要求，这次因疫情原因推迟举行的期末考试呈现不同特点：一是纸笔考试与网考同步进行，均为开卷，时长一个小时；二是网考每天四场，纸质考试每天六场；三是外地疫情中高风险地区较多，请外监把好第一关，无关人员不得进入校园，外来人员车辆不得进入校园。

开放教育科周立新科长就本次考试的考务工作对大家进行了简短的培训，重点提醒了考试用品、考场防疫政策、考场信息、候考休息室等重要方面。

上面两位同志的讲话都很好，接下来我简单跟大家谈一谈本次开放考试和以前相比呈现出来的不同的特点：

一是本次开放考试的时间和以前不同了。

本次江苏开放大学春学期的期末考试日期推迟了，以往都是6月底前组织考试，今年受新冠肺炎疫情影响，江苏开放大学的期末考试推迟至7月中旬。再加上最近天气比较炎热，又有灾害性天气，无论是对参加考试的考生来讲还是对我们监考老师来说都是一个考验。因此，我们要为监考老师和考生提供人性化的服务。比如：可以在考场门口安排两箱矿泉水、放两包面巾纸。教学楼的卫生间使用人数多了，可能气味较浓，总务科可以安排保洁人员不定时地冲一冲厕所，喷一些清香剂，等等。给考生准备必要的候考室，让考生安心等待下一场次的考试。

本次考试所有监考人员要严格规范考试流程，不得私自调换监考，每场监考考前20分钟到考务室领取试卷,考前要宣读考场纪律,做好开考前的各项准备工作。

二是本次开放考试的考试形式和以前不一样,所有场次全部是开卷考试。

开卷考试对于我们监考老师来说可能比以前的监考要轻松许多,但是我们仍要严格遵守监考流程,加强对考生通信工具的管理。考试期间,考生的手机要设置成关机状态,并由监考老师统一保管,严防考生利用手机作弊,坚决杜绝考生在考场上拍照、上传与考试有关的内容,更不得事后转发朋友圈。

本次江苏开放大学的期末考试所有课程考试时长均为60分钟,相比以前而言,考试时长缩短了,部分考生的时间可能有点仓促,各位班主任要做好学员的考前辅导工作,建议各班主任和本班学员的课程导师对接,尽量拿到各门课程的考前复习资料,抓紧分发给学员复习,力争一次性通过课程考试。

三是本次开放考试的场次和人数和以往相比有很大的不同。

以往开放考试国开和江开是在不同的时间段,近两年的学员大部分都是江开的学员,考试的场次和考试的人数都有所增加。因此,大家要严格做好考试期间的疫情防控工作,学校大门口要进行体温检测,坚持扫码进场,保持有效距离,有序进入考场,考试结束的考生不得在考场逗留。总务科要安排好每天的考场消毒工作,各班主任要做好防疫宣传工作,考前了解考生的健康状况。

四是本次开放考试全部采取人脸识别系统读取考生身份。

本次江苏开放大学的期末考试,考生进场时不再由监考人员人工核对证件,而是利用人脸识别系统读取考生身份证信息,并现场采集考生面部信息自动进行比对,验证成功后方可进入考场。各班主任和监考老师要告诫学员杜绝侥幸心理,做好替考作弊学员的劝返工作。

此外,在网考过程中,如果遇到停电、断网等特殊情况,现场工作人员要做好考生安抚工作,并积极与省校对接,做好该场次考试延期的准备工作。

磨炼意志品质　矢志执着追求

——在我校新生暨对口高考班军训动员大会上的讲话

（2022年8月22日）

各位教官、老师、同学们：

大家上午好！

在这个天气炎热、夏暑未消的八月，我们即将开始为期五天的军训生活。在此，我谨代表射阳开放大学全体教职工向你们表示热烈的欢迎！同时对担任这次军训任务的两位教官表示衷心的感谢！

这次活动，是近年来我校首次组织的学生军事训练活动，这是全面贯彻党的教育方针和贯彻国防教育法、推进素质教育的重要举措，也是同学们学习军队优良传统，培养艰苦奋斗精神的极好机会。

通过军训，我们能提高政治思想觉悟，增强集体主义精神和组织纪律观念，磨炼意志，培养吃苦耐劳的精神，增强国防观念，并掌握一定的军事知识和技能。这不仅为大家今后的学习和生活打下基础，对你们今后的人生道路也将是一段宝贵的经历。大家一定要听从指挥，遵守纪律，克服困难，虚心向教官们学习，顺利完成军训任务，争取用优异的成绩向班主任、教官和学校汇报！

为确保军训能够顺利进行，达到预期的效果，特向同学们提出以下几点希望和要求。

一是要有吃苦的思想准备，要有战胜困难的信心，以饱满的精神和乐观的态度自觉接受军事化管理，虚心学习当代军人的好思想、好作风、好传统。要克服娇气，不怕苦、不怕累，战高温、斗酷暑。腰酸腿痛不叫苦，多流汗水不流泪，严格训练，力争取得优异的军训成绩，努力做到技能与精神双丰收。

二是要发扬集体主义精神和爱国主义精神。军训就是要培养我们树立团结奋斗的观念，培养为集体增光添彩的意识，要克服个人主义、小团体主义，在军训中做到遵纪守法、团结互助，积极弘扬集体主义精神和爱国主义精神。

三是要认真上好军训这门课程,做到尊敬教官,服从命令,严禁跟教官发生任何冲突,做到一切行动听指挥。军训中要积极向教官学习军事技能,学习军人的高尚品质、雷厉风行的作风和严明的组织纪律。希望同学们通过军训磨炼自己的意志品质,为接下来的学习生活打下坚实的基础。

　　四是注意安全,防止各种意外事故发生。训练中要严格按照动作规则要求,多看多问,不要自作主张,不许蛮干,要注意安全。

　　希望通过这次军训活动,大家能够形成良好的学习生活习惯,养成科学的学习方法、坚定的意志品质,以饱满的热情投入到紧张的学习生活中,用坚毅、刻苦、诚实、勇敢来写就人生的奋斗足迹,使自己成为一个意志坚定、体魄刚强的有用之人!

　　同学们,军训工作即将开始,让我们以饱满的热情、昂扬的斗志、顽强的作风去直面军训,努力完成军训任务,以优异的军训成果和良好的精神风貌充分展示自己的风采!

　　最后,预祝军训圆满成功!

　　谢谢大家!

磨炼意志强体魄　继往开来谱新篇

——在2022级中职新生军训闭营仪式上的讲话

（2022年8月26日）

宋扣明

各位教官、老师、同学们：

大家下午好！

为期五天的中职新生军训即将落下帷幕。首先，请允许我向承担此次军训任务的教官们表示衷心的感谢，向日夜陪伴在同学们身边的老师们表示诚挚的问候，向不畏困难、刻苦拼搏，顺利完成军训任务的同学们表示热烈的祝贺！

五天来，你们遵纪守法，在操场上迎烈日、斗酷暑、冒风雨，你们站军姿、走队列、踢正步、练跑操。短短五天时间，你们学习了内务整理，唱出了响亮的军歌，顺利完成了本次军训科目的所有学习任务。你们练就的是健康的体魄，也锻造了顽强的毅力。

五天来，你们进行了心理健康教育、应急救护培训、法制教育等一系列培训，形成了良好的心理素质、普及了应急救护知识、增强了法律意识和自我保护意识。你们利用军训时间系统学习了专业知识和文化知识的入门辅导，为大家今后的升学、就业打下了坚实的基础。

五天来，你们提高了自身的耐力，感受到了团结就是力量。你们养成了服从命令、遵守纪律的良好习惯，磨炼了意志，健康了体魄，真正发扬了"流血流汗不流泪，掉皮掉肉不掉队"的铁军精神。

同学们，暑期即将结束，新的学期即将开始。因此，在以后紧张的学习生活中，我希望同学们以这次军训为起点，做到以下几点：

一是把军训中养成的优良作风继续保持下去，秉承吃苦耐劳、勇于拼搏的军人精神，鼓足信心、力争上游。在今后的学习和生活中，以高标准、严要求，规范自己的言行，培养正确的世界观、人生观和价值观，树立远大理想。

二是珍惜这次军训经历，铭记本次军训所学到的知识，坚持脚踏实地、迎难而上的行事风格,珍惜青春的大好时光,努力拼搏、奋发进取。做到今日事今日毕、积小胜为大胜。在学习生活中锻炼自己、塑造自己、展示自己。

三是树立破釜沉舟、背水一战的必胜信念,咬紧牙关、战胜自我。把军训成果尽快转化为努力学习、刻苦钻研的强大动力,发扬勇敢、坚毅、严谨、顽强拼搏的精神,努力把自己培养成为一名出色的中职生。

在这次军训中,全体同学苦练一周,战胜了时间紧、内容多、标准高、训练难度大等诸多困难;激情一夏,你们度过了人生中最怀念也是最有意义的一个暑假;难忘一生,从小到大以来的第一次军训经历,必将是刻骨铭心的,希望同学们今后做到技能与精神双丰收。

这次军训,两位教官在训练中严要求,在作风上过得硬,在生活上细关心,充分展示了当代军人的靓丽风采,是同学们学习的榜样!希望同学们继续发扬和保持在军训中培养的良好作风,把军训成果迅速转化为优良的学风、校风,在今后的学习生活中争取更大的成绩!

谢谢大家!

新起点　新目标　新奋斗

——在2019级幼师班职教高考升学圆梦欢送会上的讲话

（2022年8月27日）

各位同学：

大家上午好！

今天，我们怀着无比激动和喜悦的心情，在这里隆重举行射阳开放大学2019级幼师班职教高考升学圆梦欢送会，热烈欢送我校30名同学进入更高学府进行深造学习。首先，我代表学校党总支、校长室和全校教职工，向即将跨入高等学府深造的30位同学表示热烈的祝贺！

三年来，你们排除新冠肺炎疫情的干扰，克服学习上的困难，以坚定的决心、顽强的意志，勠力同心、携手前行，用优异的成绩为广大师生树立了榜样。你们都是多彩光阴里的奋斗者，都是万里征程中的追梦人。

雄关漫道真如铁，而今迈步从头越！同学们，进入高等学府，对你们来说这仅仅是人生旅途的一个重要的驿站，你们今后的道路，还征程漫漫。今天，利用这个场合，想跟同学们说几句心里话，既是嘱托，更是期望。

一是要坚定信念，爱党爱国。我们2019级、2020级的同学都参加过我校在吾悦广场开展的快闪活动，唱响《我的祖国》，用歌声为祖国庆生，展现大家的青春与活力，传承"奋发图强"的家国情怀。同学们，你们正处于百年未有之大变局中，作为新时代的见证者和建设者，要胸怀祖国，秉承中华优秀传统文化，树立民族自豪感和文化自信心，自觉将爱国情、强国志、报国行融入具体实践中。希望你们树立远大志向，只争朝夕、不负韶华，始终与祖国同心、同向、同行，坚定不移听党话、跟党走，让青春在正确的道路上奋勇前行。

二是要立志高远，勇于担当。近年来，我校多次组织大家赴县养老中心、发鸿社区、虹亚社区等地开展慰问演出和智能手机使用培训等活动，谱写了一曲曲敬老爱老的"爱的颂歌"，同学们也逐步成长为有大爱、有信仰的时代青年。作为新时代的青年，实现中华民族伟大复兴的中国梦是大家应有的理想，自觉为社会奉献自己的青春、热血和汗水是大家应有的担当。为此，我希望大家进入高校以后要继续合理利用假期时间积极参加社会志愿者活动,尽自己所能为社会做一些力所能及的事情。

三是要饮水思源,懂得感恩。我们每学期都会开展"崇尚孝道、学会感恩、提升素养"主题班会活动,全方位地对大家进行"感恩教育"。学会感恩,你才能愿意付出,愿意奉献,做到任劳任怨。因此,希望大家首先要感恩祖国,感恩社会。祖国是我们永远的靠山,我们身处这个国泰民安的和谐社会,离不开祖国母亲的强大。其次要感恩父母,感恩家人,是他们创造了我们的生命,抚养我们长大。再次,我们要感恩母校,感谢恩师。学校对一个人的影响是终生的,没有良好的教育,就不会有我们今天的知识文化修养。同时,我们还要感恩同学,感恩朋友,是同学、朋友与我们风雨兼程、携手同行。虽然付出时很辛苦,但能在付出中获得快乐,所以我们要常怀感恩之心。

四是要明确目标,不懈奋斗。同学们,你们即将迈进高校的大门,丰富多彩的大学生活即将展开。我想,你们现在首先要做的事情就是静下心来,制定切实可行的学习计划,规划好自己的人生目标,并严格执行,告别娇气、告别懒惰、告别任性、告别拖沓、告别应付学习,端正学习态度,勤学好问,善思敏行,养成良好的行为习惯,养成热爱读书的习惯,在勤奋努力中追寻心中的理想。

在这里,利用今天的欢送会时间,我也送2020级和2021级对口高考班的同学们几句建议和祝福。希望同学们要保持和强大四个力量:

一是保持自信力。自信是建立在对自己正确认知的基础上的,是对自己实力的正确估计和积极肯定,是自我意识的重要成分,是心理健康的一种表现,是学习成功的有利心理条件。

中共中央办公厅、国务院办公厅于2021年10月印发的《关于推动现代职业教育高质量发展的意见》中明确提出了"到2025年,职业本科教育招生规模不低于高等职业教育招生规模的10%"的目标任务。这在我国职业教育发展史上具有里程碑意义。随着现代职业教育体系的构建,职业教育的发展将迎来一个新的春天,国家搭建了中职学生成长的立交桥,终结了中职学生升学"天花板"低的历史。我校开设对口高考班的目的正是为大家的升学提供更好的平台。希望大家从现在开始,就要狠下一条心,付出比别人更多的努力,迎难而上,把命运牢牢地掌握在自己的手中。

二是保持自制力。高度的自制力是成功的基本要素,每一个成功的人都是自律自控的人,你现在有多自律,将来就有多成功。我们现在不少同学自制力明显不足,总是静不下心来学习,经常出现学习不耐烦、厌学、打退堂鼓等现象。大家既然选择参加对口高考,就注定了要受得了重压,耐得住寂寞。希望大家在接下来的时间里要学会收心,集中注意力,静下心来学习,现阶段最重要的事情就是专注于学习。也唯有这样,我们才能在未来的对口高考中立于不败之地。

三是强大自愈力。前行的道路上总是布满荆棘,要下功夫,持之以恒,战胜一个个困难,才能争取新的辉煌。当同学们产生较大心理压力和考试学习焦虑时,可以主动与同学、老师、家长多交流,把自己的心里话说出来,把自己内心的苦衷倾诉出来,心理上的压力就能得到释放,也有助于改变信心不足的状态。必要的时候还可以寻找学校心理辅导老师的帮助,积极调整好自己的心态,放下包袱,轻装上阵,不停下脚步。我们要深刻地明白,没有一个冬天不能逾越,没有一个春天不会到来。大家既要克服麻痹思想和侥幸心理,又要克服恐慌情绪和焦虑心态,压力并不可怕,只要我们用全身的力气把压力化作动力,它是可以指引我们前进的。

四是强大自驱力。学习需要强大的自我驱动。怕苦怕累的时候,翻开你的梦想,你就会咬牙坚持;孤独寂寞的时候,看看勤奋的同伴,你就会奋然前行;灰心失望的时候,想想父母劳作的身影和期待的目光,你就会重燃希望。你们要善于将这些外力和资源转化为强大的内心力量。内心强大了,你离理想的实现就不远了。所以,希望同学们以冲锋的姿态应对学习中的困难与挑战。

同时,我还要和今年刚进入我校的62名同学说几句话。

一是积极调整心态。对新生来说,要想尽快适应新的生活,首先要调整心态;其次是了解新的生活的变化,并且从心理上接受这些新变化,只有这样才能主动地去适应变化的环境,从而减轻心理困惑,保持心理健康。

二是尽快提高生活自理能力。同学们要知道,依赖心理只会造成生活自理能力不强。我们现在应该从头做起,虚心学习,不怕失败,大胆实践,积累生活经验,自觉主动参与集体生活,学会自己照顾自己,独立处理生活与学习中的问题。特别是住校生,不少同学年龄小,没有离开过父母,更要注意锻炼,要尽快适应住校生的生活。

三是探索适合自己的学习方法。对学习的不适应最易产生情绪波动与自我评价偏差。新生首先要摸索适应新的学习方法,要向有经验的高年级同学请教,接受任课教师的指导,克服过去只依赖老师的习惯;其次就是从个人实际出发,逐步摸索出与自己基础、水平相适应的学习方法;再次,注重自学能力的培养,学会管理支配时间,安排学习计划,学会利用各种资源,逐步走出困境。

四是确立正确的自我形象。在学校,在班级,新生要找到自己的位置,正确认识自己,主动接纳自己,这将会极大地缩短适应过程。在新环境下,首先要看到自己的实力,树立自信心,入学后,客观分析自己的优势与劣势,扬长避短,不苛求自己;其次,加强自我修养,学习他人优点,取长补短,逐步提高自我完善的目标。

五是建立和谐的人际关系。良好的同学关系,对学习有很大的帮助。面对来自不同学校、性格、习惯各异的同学,如何建立起协调、友好的人际关系,需要同学们坦诚相待,更需要同学们宽广的胸怀。良好的人际关系首先来自交往双方相互尊重,相互理解,相互信任。如果过于拘谨畏缩,缺乏交流沟通,人际关系便无从谈起。

最后,祝愿大家在未来的学习生活中,走好自己的人生路;祝愿同学们所有的希望都能如愿,所有的梦想都能实现,所有的期待都能出现,所有的付出都能兑现!谢谢大家!

集思广益 形成合力
助推社区教育高质量发展走在前列
——在全市社区教育现场观摩暨省级课题论证会上的讲话

（2022年9月13日下午二点半 港海会议中心）

尊敬的陈校长、孙处长，各位领导，同志们：

大家下午好！

在这橘红橙黄、桃李金黄的激情九月，各位领导、各位同仁亲临射阳，参加全市社区教育现场观摩暨省级社会教育规划课题评审会，充分体现了各位领导、各位来宾对射阳县社会教育事业的高度重视和无比关爱，是对我们过去工作的充分肯定，更是对我们做好今后工作的莫大鼓舞与有力鞭策。借此机会，我谨代表射阳县教育局和射阳开放大学，对各位来宾的到来表示热烈的欢迎！对各位领导多年来关心射阳社会教育事业的发展表示衷心的感谢！

近年来，射阳县委、县政府始终把教育作为最大的民生事业，置于优先发展的战略地位，坚持全方位、高标准保障教育发展，加快实施内涵提升、项目攻坚、教育惠民、共建共享、开放融合五大行动，着力打造"学在射阳"教育品牌，全力办好人民满意的优质教育、公平教育、创新教育、智慧教育、活力教育，全县教育事业驶上了发展快车道。社区教育是构建终身教育体系的重要组成部分，也是创建学习型社会的主要阵地。近年来，我县把加快社区教育发展作为推进教育现代化建设的主攻方向，围绕办好人民满意教育的总体部署，坚持补短板、强弱项，以建设"全民学习、终身学习"的学习型社会为追求，2021年11月与县养老中心联合创建省级"养教联动基地"项目，2022年6月建成日月主题畅想馆市级游学基地。"人人皆学、时时能学、处处可学"的学习型社会已初步形成。

今天，各位领导、各位来宾莅临射阳指导、调研，为我县创新发展社区教育、打造学习型社会提供了借鉴，指明了方向。我们将以此次会议为契机，认真学习贯彻上级要求，进一步创新工作机制，丰富活动载体，积极倡导全民学习、终身学习,着力在加强顶层设计、扩大资源供给、培育教育品牌、提升服务能力上取得新突破,为加快学习型城市、学习型社会建设、推动射阳县经济社会高质量发展提供精神动力和智力支持。

最后,热忱欢迎各位领导经常来射阳检查指导,也恳请各位领导对我们的工作提出宝贵意见,对我县社区教育改革发展给予更多的关心和支持。

谢谢大家!

凝聚老年智慧力量　合力助推乡村振兴

——在射阳老年开放大学揭牌仪式暨庆祝"重阳节"文艺汇演上的讲话

(2022年10月4日)

尊敬的各位领导、各位来宾,各位离退休老同志:

大家上午好!

在这丹桂飘香、菊香四溢、硕果累累的美好季节里,我们欢聚一堂,隆重举行射阳老年开放大学揭牌仪式暨庆祝"重阳节"文艺演出活动。首先,我谨代表射阳开放大学全体教职员工向莅临今天活动现场的盐城开放大学、市县教育主管部门、县委老干部局、县关工委、县老龄协会的领导表示热烈的欢迎!对一直以来关心、支持我校老年教育工作的社会各界人士表示衷心的感谢!

近年来,在县委县政府的正确领导下,在盐城开放大学、市县教育局的关心支持下,我校社会教育工作取得了长足发展。今天,射阳老年开放大学的揭牌,是我校积极响应"十四五"国家老龄事业发展规划、全面贯彻落实县委县政府关于高质量发展全县教育事业的具体体现,同时,也是全县广大老年朋友的一件大事、喜事。

老年教育是我校社会教育工作的重要组成部分,能为全县广大老年人做点实事、好事,我们倍感自豪和荣幸。同时也深感责任重大,我们将认真探索老年教育规律,迎合老年人学习需求,开发老年教育精品课程,帮助广大老年朋友实现"人人皆学、时时可学、处处能学"的学习愿景,切实丰富老年人的精神文化生活,提升老年人的生活品质。

一、多渠道开设老年学历教育

老年是全民终身教育体系的一个重要学段。如何让更多老年人享有公平而有质量的学习机会,使他们享受更高质量的晚年生活,对更加充分地展现中国特色社会主义教育制度的巨大优越性和强大生命力具有重要意义。

今天,射阳老年开放大学正式挂牌成立,意味着"构建服务全民终身学习的教育体系"的目标更近了。接下来,我们将结合办学实践,与江苏开放大学合作开设相应的专业学科,其中专科分摄影和汉语两个专业,本科分诗歌赏析和摄影两个专业。同时,我们还将制定老年学历继续教育学员学费减免的优惠政策,开通老年学历教育在教育部"学信网"学历认证的绿色通道,为当年未能进入高等院校的老年人圆上大学梦。

二、多样化开展老年非学历教育

开展老年非学历教育是适应社会主义市场经济发展和保障社会进步的重要途径,是推进教育改革,促进各级各类教育协调发展的重要手段,也是建立和完善终身教育体系的重要保证。我县已经逐步进入老龄化社会,老年人比例不断加大。当人们进入老年阶段时,其心理变化也将加剧,刚离开工作岗位的老年人很容易陷入空虚和孤寂中。

为进一步改善老年人的精神文化生活,满足他们日益增长的精神文化需求,提高他们的生活品质,我们将多形式地开设诸如国画、书法、音乐、舞蹈、琴棋等方面的兴趣班,为老同志交朋友、找知己提供更多的平台,使老年开放大学真正成为老同志政治活动的中心、学习知识的课堂、文化娱乐的场所、安度晚年的乐园。

三、开展实用技能培训助力乡村振兴

近年来,射阳县紧紧围绕"争当表率、争做示范、走在前列"的使命任务,担当作为、苦干实干,狠抓落实、奋勇争先,经济社会各项事业步入了跨越发展的快车道,全县上下呈现出经济大发展、城建大提升、社会大和谐的新局面,这些成绩的取得来之不易,是全县干群同心、共同努力的结果。

退下来的老同志,大部分都是经验丰富,见解独到的老人。接下来,我们将考虑为部分老同志开展实用技能培训,努力促使老同志把自己所学的东西回馈社会,积极助推企业健康发展、助力乡村振兴,为文明创建尽责,为社会治理助力。使老同志成为政策法规的宣传员、社情民意的信息员、矛盾纠纷的调解员、社会治安的巡查员。

四、一如既往开展"智慧助老"培训

开展老年人智能手机使用培训,解决老年人在使用技能技术方面的困难,是贯彻国家有关老龄工作的意见和省政府"智慧助老"以及省教育厅《关于印发江苏"十四五"社区教育发展规划的通知》等文件精神的具体要求,也是积极应对老龄化国家战略的具体行动。

近年来,我校先后在县养老中心、发鸿社区、虹亚社区等地积极开展"智能手机使用""防诈骗知识"等"智慧助老"培训项目。帮助广大老年人跨越"数字鸿沟",享受数字信息发展带来的便利。接下来,我校将继续面对全县广大老年人群,开发更方便老年人学习的智能技术应用课程,持续开展"智慧助老"系列培训。

五、因地制宜开展"关心下一代"知识培训

老同志在家庭中是长辈,在社会中是长者,一言一行对后代、对他人影响很大。广大"五老"是教育引导青少年健康成长的得力参谋和助手,是联系广大青少年的牢固桥梁和纽带,是确保中国特色社会主义事业在射阳薪火相传的重要力量。

为充分发挥"五老"作用,引导青少年树立正确的世界观、人生观、价值观,我们成功申报了省级"盐阜地区家风传承"基地项目。接下来,我们将充分利用"家风传承"基地这一平台,拓展工作领域、创新工作载体,积极开展"关心下一代"业务知识培训,努力帮助"五老"发挥余热,形成全社会共同关心下一代的浓厚氛围。

莫道桑榆晚,为霞尚满天。祝愿广大老年朋友通过老年开放大学这一学习平台,学有所获,学有所为,充分发挥你们的政治优势、经验优势、威望优势,为实现"强富美高"新射阳奉献余热。

最后,再次祝愿各位领导、各位来宾、各位老同志身体健康!万事如意!

谢谢大家!

夯实稳定基础　喜迎盛会召开

——在市维稳督导组莅临指导工作汇报会上的发言

（2022年10月11日）

各位领导：

喜迎党的"二十大"召开期间，我校党总支、校长室把安全稳定工作放在各项工作的首位，坚持预防为主、防治结合、加强教育、群防群治的原则，始终把师生的生命安全放在第一位，进一步完善和落实各项安全稳定工作措施，努力提高安全稳定管理水平。通过持续的安全教育，增强师生的安全意识和自我防护能力。通过齐抓共管，营造全校教职员工关心和支持学校安全稳定工作的和谐局面，维护学校正常的教育教学秩序，从而为培根铸魂、启智润心创造了条件。

一、领导重视　强化组织

为进一步做好安全稳定工作，切实加强对安全稳定工作的领导，学校把校园安全工作列入重要议事日程，调整充实了安全稳定工作领导小组，由校党总支书记、校长宋扣明同志担任组长，副校长陈学林、杨贵凤、胡安泉同志任副组长，各科室负责人和班主任为成员，聘任县公安局法制大队副教导员孙海涛同志担任我校法制副校长。安全稳定工作领导小组经常研究部署安全维稳工作，做到有措施、有检查、有总结，及时进行消防、安全设施设备的添置和更新。

二、制度健全　执行到位

1. 建立学校安全稳定工作领导责任制和责任追究制。由安全稳定工作领导小组和成员负责，将安全稳定工作列入各科室的目标考核内容，并进行严格考核，严格执行责任追究制度，对造成安全事故的，要严肃追究有关负责人及直接责任人的责任。

2. 签订责任书。学校与各科室负责人层层签订责任书,明确各自的职责。将安全稳定工作作为对教职员工考核的重要内容,做到职责明确,责任到人。

3. 不断完善学校安全稳定工作规章制度。建立学校安全保卫工作的各项规章制度,并根据安全稳定工作形势的发展,不断完善充实。建立健全定期检查和日常防范相结合的安全管理制度,以及学生管理、夜间值班、防火防灾、食品卫生管理、消防器材检查、疫情防控等规章制度。对涉及学校安全保卫的各项工作,都能做到有章可循,违章必究,不留盲点,不出漏洞。

4. 建立学校安全意外事故处置预案制度。学校建立事故处置领导小组,制定了意外事故处置预案制度,切实做好突发性事件处理工作。对各科室负责的教育教学活动,事故处置领导小组根据学校的突发事件应急预案,采取相应的安全维稳工作措施。

三、齐抓共管　群防群治

1. 宣讲安全知识、普及安全常识。邀请了学校法制副校长孙海涛和辖区派出所民警陈苗苗等经常到校进行安全教育,定期开展消防安全演练、应急逃生演练。

2. 召开安全教育的主题班会。由学校政教科统一组织开展安全教育工作主题班会,包括安全知识、警报系统使用等。班主任进行宣讲,让学生进行讨论,以提高对安全工作的认识。学校还利用微信公众号、宣传栏、黑板报等形式,全方位宣传安全工作。

3. 定期反馈学校安全工作,及时查找问题排除隐患。定期进行安全排查,及时反馈学校安全隐患排查情况,力求做到有安全隐患及时排除、安全工作及早布置、安全措施及早落实、安全工作警钟长鸣。

4. 认真做好新冠肺炎疫情防控工作。积极做好卫生知识宣传教育,养成良好的个人卫生习惯,对校园定期进行消毒清洗,有效维护学校的正常教学秩序。

5. 关爱青少年身心健康。针对目前中职学生普遍存有自卑心理,缺乏自信的特点,学校斥资20多万元建立心理咨询室(内含团辅室、个辅室、发泄室等),建立"心灵惠语"微信公众号,多举措加强学生心理辅导,促进学生健康成长。

6. 鼓励学生参加县级以上技能大赛。学校高度重视各类技能大赛的开展,鼓励学生参加各级各类技能大赛,以此提高学生的职业技能和整体素质,培养学生的创新能力。今年通过预赛选拔,我校分别有四名学生参加10月下旬举行的全省和全市育婴员技能决赛,八名学生参加盐城市中职学生才艺竞赛,充分展示了我校学生团结和谐、健康向上、充满活力的良好精神风貌。

7. 切实开展校园文化活动。积极开展文艺演出等活动,让学生唱起来、跳起来、笑起来,让校园活跃起来。使教师充满激情,学生充满活力,让他们在实践活动中体验艺术带来的乐趣,远离抑郁、恐惧、自卑、敌对等消极情绪。

四、自查自纠　整改到位

1. 排查建筑安全隐患。积极申请对现有建筑物进行全面安全认定,目前检测工作已经结束,检测报告即将完成。利用暑假对教工车棚、宣传栏进行维修更换,对晚间教师值班室进行升级改造,完善值班人员生活设施,增强值班值守力量。对培训楼、原电大餐厅等场所自来水路进行升级改造。

2. 对消防设施设备进行全面检修。修复教学楼消防供水管道,更换过期灭火器材。

3. 对食堂留样间进行升级改造。对照食品留样规定,严格落实食品留样制度,并认真监督执行。

4. 粉刷建筑物破损墙面。利用节假日时间,对培训楼、宿舍楼、学术报告厅等场所外墙进行维修粉刷。

5. 对校园网络进行检查维护。对师生员工进行网络安全教育,组织开展网络安全知识竞赛。

6. 开展家校合作,筑牢安全防线。进一步加强家校沟通,协助家长建立良好的亲子关系,指导家长积极承担家庭教育责任,把握育人时机和节奏。

7. 主动了解信访诉求,积极化解信访案件。针对2020春开放学员提出的毕业证书办理等问题,及时跟踪信访动态,主动对接国家开放大学,协调落实相关政策,切实解决学员需求。

8. 了解社会需求,优化服务功能。成立老年开放大学,满足老年人多样化学习需求、丰富老年人精神文化生活、提升老年人生活品质,促进社会和谐发展。

9. 认真开展家访活动,解决学生实际困难。对学生家庭状况全面摸底,重点关注离异、贫困、留守等特殊家庭学生。做好家校师生沟通,实地了解学生家庭情况,对困难家庭学生实行结对帮扶措施,为学生解决实际问题。

五、存在问题

1. 校园封闭不完全,有三栋居民楼(原教育局家属区、原电大家属区、原城北派出所家属区)在校园内,我校师生和家属区住户共用一条中心路,不便于管理,客观上存有一定的安全隐患。

2. 我校社会学员较多,目前开放教育在籍生有 2 600 多人,平时经常有学员来校报名、缴费、领取教材、面授、考试等,客观上增加了疫情防控的难度。

六、下步工作

1. 全局统筹再强化。联合驻校民警、网格员进一步强化风险评估,强化课堂教学意识形态的把关。从 10 月 11 日起,每三天进行一轮核酸检测,一直到本月底。切实加强师德师风建设,做到严管与厚爱相结合。

2. 保障措施再强化。坚持校领导班子驻校制度,加强值班值守,做到在岗在位在状态。加强学生自我调适,活跃社团活动。落实好倾听一刻钟、活动一小时关爱措施。

严谨求学启征程　拓展才能作贡献
——在江苏开放大学（射阳）新生开学典礼上的讲话
（2022年10月16日）

各位老师、同学们：

大家上午好！

在这馥郁清雅、桂香四溢的深秋美景里，在举国欢腾、万众期盼的党的二十大胜利召开之际，我们在这里隆重举行江苏开放大学2022年秋学期（射阳）新生开学典礼暨党的二十大学习会，我谨代表学校党总支、校长室，向2022级秋季入学的403名新同学表示热烈的欢迎！对同学们相信射阳开放大学、选择射阳开放大学表示诚挚的感谢！

今天是党的二十大召开之日，习近平总书记在二十大报告中指出，"我们要坚持教育优先发展、科技自立自强、人才引领驱动，加快建设教育强国、科技强国、人才强国，坚持为党育人、为国育才，全面提高人才自主培养质量，着力造就拔尖创新人才，聚天下英才而用之"。

生逢伟大时代，肩负光荣使命，我们要自觉把个人奋斗融入民族复兴的时代伟业。我们是这个伟大时代的见证者，更是参与者，要立足新时代，用新思想武装头脑，用新作为开创未来，坚定"请党放心、强国有我"的理想信念，为中华民族的伟大复兴贡献自己的智慧和力量。要知责于心、履责于行、大胆创新，努力在现代化建设新征程上谱写新篇章，建功新时代。

今天，你们已经是射阳开放大学的学子，在学习过程中，你们的学务导师将一直陪伴你们左右，他们是你们并肩奋斗的良师益友，是你们学习迷茫时的指路者，是你们丧失信心时的激励者，是让你们保持学习持久毅力的支撑者。希望同学们相信老师，有计划、有步骤地完成自己各门课程的学习。

借此机会，我想与各位老师、各位同学交流三个方面的问题。

一、以党的二十大精神为指引，坚持严谨求学

党的二十大是在全党全国各族人民迈上全面建设社会主义现代化国家

新征程、向第二个百年奋斗目标进军的关键时刻召开的一次十分重要的大会,承担着总结过去和明确今后党和国家前进方向、奋斗目标、行动纲领的重大使命。

各位学员,我们身处信息爆炸的大数据时代,知识浩如烟海,开放大学的学习具有开放性和自由度,我们要以党的二十大精神为指引,养成严谨的学习态度,用持之以恒的精神,处理好工学矛盾和家学矛盾,把工作中遇到的问题转化为求知的动力,把学习的成果运用到工作中去检验。要端正学习态度,不要用混张文凭的心态来对待学习,要充分利用各种学习资源,按时、按要求完成网上学习任务,完成各项作业,通过各类考试,圆满顺利地完成学业,在学习和实践中不断提高自己的能力和水平。

二、以知识积累为基础,促进家庭教育

《中华人民共和国家庭教育促进法》的出台,是大力弘扬中华民族家庭美德的法治体现,是促进未成年人健康成长和全面发展的法治保障,是落实立德树人根本任务的有力支撑。

我校每个学期都会联合东台开放大学和阜宁开放大学开展"讲好亲子共学故事、促进子女茁壮成长"征文比赛活动,目的就是通过学习意识和学习习惯的提升来提高自身的综合素质,提升家庭教育中言传身教的影响,实现在家庭中共学共读共成长,形成"教师引领学员,学员影响家庭,家庭推动社会"的良好的全员学习氛围。

希望同学们利用两年半的时间,在学习专业文化知识的同时,努力提升自身的综合素养,树立正确的家庭教育观念,把学历教育和家庭教育有效衔接起来,利用所学知识增强工作本领,不断提升个人收入水平,为家庭创造财富,营造良好和谐的家庭氛围。

三、以学员需求为导向,提升服务水平

开学典礼结束后,我校开放教育科专业老师将对学员进行在线学习技能培训,帮助大家学习掌握网络学习平台的登录、学习、发帖、作业和考核等基本技能。接下来,我们还将通过划分学习小组,建立临时党支部等方式,方便大家互助协作,提高学习效率。我们的学务导师还会通过建立微信群等方式,加强与同学们的沟通交流,随时解决各位学员学习过程中遇到的困难。

我们的课程导师还会充分利用网络资源进行教学、讨论、批改作业、公布成绩等,尽量帮助大家突破时间和空间的限制,为同学们的课程学习提供更多的便利。

谢谢大家!

百倍珍惜新时代　埋头苦干出实绩

——在2022级"青春心向党　喜庆二十大"感恩主题班会上的讲话

（2022年10月21日）

尊敬的各位家长，老师、同学们：

大家下午好！

今天我们欢聚一堂，召开秋学期2022级新生和家长感恩主题班会，共商孩子教育成长大计。在此，我谨代表射阳开放大学全体教职员工，对学生家长的到来表示热烈欢迎和衷心感谢！

光阴似箭，日月如梭。转眼间，这一学期已过去一个多月的时间了，各位家长在这学期里也陪伴着孩子走过了五十多天。射阳开放大学中职教育又迎来了60多位孩子家长的支持和帮助。感谢各位家长相信射阳开放大学，我们对各位家长的支持表示衷心感谢，今天的家长会是我校家校共育的又一次重要沟通和交流。

一、秉承传统，发挥制度优势

近年来，党中央、国务院大力倡导职业教育，中职教育得到了快速的发展，《中华人民共和国职业教育法》的出台，改变了社会各界对于职业教育就是"社会底层"的错误认知，在法律层面保障了职业学校学生的权益，为职业学校学生营造了更加良好的发展空间。

为了让选择职业教育的学生同样有人生出彩的机会，我校党政组织一直注重学生的综合素质培养，关注学生的职业发展。十多年来，学校培养了一批又一批社会适用人才。我校毕业的韩蔚蔚、王道玲等同学已成为我县公办示范型幼儿园的园长，崔兰兰、吕青等同学也已成为各自幼儿园的业务骨干。2020年7月，学校领导班子会办研究决定，组建职业中专对口高考班。今年5月，我校2019级30名同学参加职教对口高考，所有同学均被录取，跨入高等学府深造。在刚刚过去的全县教育系统"三独"(独唱、独奏、独舞)比赛中,我校 2020 级(1)班季瑶瑶、汤婧和 2021 级(1)班的赵莴洁、蔡加仪等 4 名同学表现优异,11 月 6 日将代表我县到盐城参加全市比赛。10 月 29 日,我校 2020 级洪招娣、马凯莲两名同学被选拔到盐城技师学院参加全市育婴员技能大赛。下个月,我校陈好、吕丽君两位同学将代表盐城市参加全省育婴员技能大赛(全市仅选拔了六名中职同学参赛)。11 月中下旬,我校 2020 级学生将参加江苏省职业中学学生学业水平测试。除 2020 级(1)班外,2020 级(2)班、2020 级(3)班已有 13 名同学积极主动、写下承诺,申请转到 2020 级(1)班继续学习,参加 2023 年 4 月份的职教高考。

二、学会感恩,砥砺奋进未来

青春逢盛世,奋斗正当时。各位同学,正值党的二十大召开之际,作为新时代的中职生,我们要把握时代机遇、珍惜读书机会,坚定信心,乘势而上,将党代会精神转化为学习的动力,不负韶华,砥砺前行,获得扎实的文化知识和专业技能。百善孝为先,要感恩父母。作为有孝心的子女,我们应该努力学习,学会处事,学会做人,让父母放心,让父母欣慰,不辜负父母的期望。要感恩老师,平时上课认真听讲、积极互动,课后勤学多练、勤思多问,用平时的点滴积累,搭建起自己的知识架构,为明天挣得一份美好的期许,真正做到不负师恩。要感恩同学,珍惜美好相遇。我们这个综合班人数较多,有 64 位同学,共有三个对口高考专业,分别是幼儿保育、舞蹈、美术。要记住帮助,忘记伤害,学会换位思考。要感恩时代,热爱伟大的党和祖国,树立诚信理念,强化诚信意识,深入践行社会主义核心价值观。

三、因势利导,营造良好氛围

家长朋友们,疫情三年,给中国和世界带来巨大的影响,经济下行风险压力增大,在民营企业工作的家长可能面临的压力更大,特别是一些自主择业的家长面临的困难和压力可能更是前所未有。希望家长朋友们要克服困难,不仅在后勤保障上做好孩子的坚强后盾,还要做好榜样,做孩子思想的引领者、行动的先行者。

平时要注意家庭教育的方法,多和孩子相处沟通交流,当孩子取得成功时沟通胜利的经验、分享胜利的喜悦,当孩子遇到挫败时沟通心态的调整、分析怎样应对困难;爱惜与孩子一起活动的机会,在活动过程中增进情感,增强家庭凝聚力;学会赞扬和道歉,当孩子获得胜利时要及时给予赞扬,当孩子面临挑战时要不断激励,当自身犯错时要勇于向孩子道歉;给孩子包容与理解,正确看待孩子的缺点和错误,宽严相济,严慈相济;要努力提高自身的素质修养,改变自身的不良习惯,给孩子营造一个良好的家庭氛围。

四、精心培育,坚持常抓不懈

我们学校的班子成员将用实际行动走进学生中间,做好表率。只要有学生在校园,我们就会有班子成员留在校园值班值守,做好服务;作为学校的中流砥柱,我们的中层干部也将积极创设条件,引导学生获取知识和技能,时刻关注学生的心理动态,促进学生的身心健康发展;我们的班主任是学生的管理者,更是学生的引导者,他们将会端正管理班级的态度、改进管理班级的方法、创新管理班级的理念,做好学生的知心人、贴心人、引路人;我们的任课老师会精心备课、认真上课,让学生在每一节课上都学有所获;我们的后勤服务人员将会做好学生生活上的服务者,为同学们营造安全、舒适、温馨的学习生活环境。此外,政教科、团委等部门会统筹抓好学生的社团建设和文艺汇演等活动,促进学生专业知识的学习、开阔学生的视野、提高学生的综合素养。同时安保科、职教科等科室会严格学生纪律,坚决禁止学生手机进入校园,为学生的健康成长创造良好的生活、学习环境,维护正常的教育教学秩序。

家长朋友们,希望我们在接下来的交流、沟通中增进互信,在教育孩子的过程中相互了解,达成共识,为孩子们有一个美好的明天而共同努力。

统筹兼顾理思路　科学精准抓落实
——在近期学校重点工作部署会上的讲话

(2022年11月11日)

同志们：

2022年秋学期还有两个月就要结束了，当前又到了一学期当中最繁忙的阶段。今天，利用召开周前会的机会部署安排近期学校重点工作，供大家在实际工作中把握。

一、科学精准做好疫情防控

11月10日，中共中央政治局常务委员会召开会议，听取新冠肺炎疫情防控工作汇报，研究部署进一步优化防控工作的二十条措施。今天，联防联控机制综发〔2022〕101号文件《关于进一步优化新冠肺炎疫情防控措施 科学精准做好防控工作的通知》。通知要求，加强对优化调整政策的解读，强调继续坚持我国疫情防控总策略总方针，引导全社会充分认识坚持人民至上、生命至上，坚持"外防输入、内防反弹"，坚持"动态清零"的重要意义，充分认识进一步优化防控措施是为了防控更加科学精准，决不能造成放松疫情防控，甚至放开、"躺平"的误读。

我们要仔细研读，抓好政策解读和责任落实，继续加强与合德镇发鸿社区、合兴卫生院的对接工作，做好校园疫情应急处置保障工作。要以对学生、对家长、对社会高度负责的态度，切实落实好疫情防控各项工作措施，认真贯彻落实县委县政府疫情联防联控机制要求，严格压实责任，扎实细致地做好防控工作。要科学精准抓好常态化防控和疫情应急处置工作，加强疫情期间师生心理健康教育疏导工作，确保校园安全稳定和师生健康平安。与此同时，根据县委组织部的要求，抽调得力人员进驻县有关集中隔离点开展服务。

因当前疫情防控形势复杂，结合我县实际和上级要求，现就做好我校疫情防控工作作如下重点安排。

1. 强化教育宣传引导

通过微信群、告家长书多路径、多渠道对师生员工共同生活人中有市外和涉疫地区旅居史人员,如长途货运司机、高速公路服务区工作人员、车站码头工作人员等重点人群,督促其在来(返)射前如实向单位和属地社区报备,动员返射人员"落地检"后管控期(落地管)内,尽量不与学生有接触。一旦有接触,共同居住生活的师生员工视为一同管理。不具备居家隔离条件的,应主动向属地社区申请集中隔离。

2. 做好常态化核酸检测

严格过细排查师生员工及其共同生活人员的行程轨迹,持续做好师生员工共同生活人员中有重点岗位人员的每日健康监测,摸清底数,建立台账。有序组织安排师生参加每日的核酸检测,确保当日核酸检测人数不低于34%(包括周六、周日)。严格对照每天上级推送的核酸检测人员名单,及时落实"应检尽检",确保不漏一人。

3. 加强个人卫生防护

要求师生员工切实履行好个人防疫责任,保持"戴口罩、勤洗手、常通风、用公筷、少聚集、一米线"等良好习惯,外出做好个人防护,避免与高风险岗位人员接触,减少疫情传播风险。

二、凝心聚力办好中职教育

中等职业教育作为我校办学体系中的一环,近年来迎来了难得的发展机遇。各职能科室要认清中职教育发展新趋势,积极谋划我校中职教育发展的新局面。各位老师要认真学习上级文件精神,提高对办好中职教育的重要性和必要性的认识。要放宽视野,树立正确的教育政绩观,更多地关注学困生,为每一名学生的成长努力,为所有学生提供成才机会。

特别是面对职教高考政策改革机遇,我们一定要抢抓先机,从学生的实际出发,根据学生的实际情况,制定有效措施。不仅要强化学生文化课程的学习,还要强化学生技能课程的训练,形成"两条腿"走路,力争学生"双上线"。从明天开始,高三年级102名同学进入学业水平测试,根据不同专业,一直进行到11月20日结束。我们要做好学生的思想政治工作,让同学们以饱满的精神状态全力备考,做到稳住心态、提升状态、展现姿态。此外,我们还要做好学生的后勤保障工作,校领导和有关人员要坚持驻校值班,睁大眼睛,留心校园周边环境,确保学生的健康与安全。

三、脚踏实地办好开放教育

开放教育是我们的主责主业,我校作为国家开放大学、江苏开放大学和有关高等院校的教学中心,现有在籍在读学员近 2 600 人。通过现代远程教育方式,借助信息化手段,汇聚优质资源,构建网络自主学习与面授辅导相结合的混合式教学模式,培养"留得住、用得上、干得好"的乡土人才,助力脱贫减贫,推动经济社会发展。多年来,已累计培养毕业生 3 万多人,为县新农村建设和乡村振兴就地培养了一大批应用型实用人才。

我们要从思想上充分认识开放教育工作对学校发展的重要性,要不断增强政治意识、大局意识、责任意识和服务意识,在招生过程、财务流程、教学进程、学位申请、管理模式等方面紧绷规范管理这根弦,有效提升学校的知名度、美誉度和影响力。我们所有从事开放教育教学和开放教育管理的同志要突出学生的主体性、学校的主导性,改进工作作风,提高运行效率,不断加强和改进管理能力和服务水平,发挥学校开放教育的品牌效应,着力形成效益与质量协调发展的良好局面。

四、责无旁贷推动老年教育

老年开放大学是老年人老有所学、老有所乐、老有所为的重要平台。习近平总书记在党的二十大报告中提出增进民生福祉,提高人民生活品质,提到中国共产党领导人民打江山、守江山,守的是人民的心。作为老年教育工作者,我们要坚持人民至上,着力解决好老年人急难愁盼的问题,力争在缓解县老年教育供给和需求矛盾上发挥积极作用,为实现老有所学、老有所为,提升老年人的获得感和幸福感贡献力量。

我校在 10 月 4 日挂牌成立了老年开放大学,同时组建了老年书法班和老年朗诵班,共 160 多名学员报名参加了学习。接下来,我们要多管齐下提升办学水平,通过发挥老年人的余热,增强老年人的自我价值感,满足老年人愉悦心情、沟通交流的需求,丰富老年人的精神文化生活。同时,我们也要在扩大老年教育覆盖面上再下功夫,尤其是协同县老龄委、县考核办等相关部门,加快在全县范围内推动老年教育,增加基层办学点,真正把老年开放大学办到老年人家门口,就近提升老年人的生活品质,增进民生福祉。

五、一着不让加强队伍建设

党的二十大报告强调,中国式现代化,是中国共产党领导的社会主义现代化。要把加强教师思想政治建设放在更加突出的位置,把学习党的创新理论成果与涵养师德师风、培养健全人格、推进职业发展、凝聚干事创业力量紧密结合起来,切实用习近平新时代中国特色社会主义思想武装头脑,引导广大教师牢记为党育人、为国育才光荣使命,落实立德树人根本任务。要多渠道、多层次、多形式开展师德师风教育,完善师德建设制度机制,实现师德建设规范化、制度化、常态化,促进师德内化、师德自觉、师德发展。

同志们,今天也是我到开放大学工作三周年的纪念日。三年来,我们想在一起,干在一块,风雨同舟,同甘共苦,克服一个又一个困难,取得一个又一个胜利。接下来,我们要进一步学习贯彻党的二十大精神,全面贯彻党的教育方针,落实好立德树人根本任务。要坚定理想信念、校准人生方向,踔厉奋发、勇毅前行,将个人理想汇入时代洪流。肩负起民族复兴的责任与担当,为奋力谱写"强富美高"新射阳现代化建设新篇章作出应有的贡献。

因镇因地制宜　推进社区教育
——在全县社区教育工作推进会上的讲话

(2022年12月9日)

同志们：

今天利用参加全市全民终身学习活动周启动仪式视频会的机会，请大家留会继续召开我县社区教育工作推进会。刚才，县教育局职社科科长总结回顾了2022年社区教育取得的突出成绩和特色亮点，通报了当前在品牌项目创建、社区教育机制、社区教育考核等方面存在的问题，并对下一阶段社区教育工作进行了部署，提出了具体要求，我表示完全赞同。下面，我就因地制宜、扎实有效抓好我县社区教育工作再讲几点意见。

一、有的放矢谋划推动社区教育工作

社区教育工作千头万绪，结合我县的特点和上级的要求，应遵循下列四项原则：

（1）力所能及。各镇（区）社区教育中心是农村开展社区教育的骨干力量，承担着构建终身教育体系、建设学习型社会的基础作用，我们要根据各镇（区）社区教育中心的人员构成、基础条件等因素稳步开展工作。

（2）尽力而为。各镇（区）社区教育中心要做好配合、配套工作，联合各镇社会事业局、镇团委、妇联、工会和新时代文明实践所、各类志愿者协会，共同开展相应的活动，形成资源、阵地共建共用共享。

（3）切合镇情。各地都有自己的实际情况，要紧密围绕党委、政府工作中心，当帮手、做助手，经常请示汇报，起到桥梁纽带作用。坚持精准发声、持续发力。

（4）突出重点。各镇（区）社区教育中心要结合县委县政府以及教育主管部门的号召与指令，领会阶段性工作要求，精心研究制订工作方案，聚焦问题短板，采取有力有效措施，集中精力完成任务。

二、紧张有序抓好当前社区教育重点工作

时近年末岁尾,各项工作都进入冲刺阶段。我县社区教育工作要突出如下十个重点:

(1) 进一步推进"以县社区学院为龙头,镇(区)社区教育中心为骨干,村(居)民学校为基础"的三级社区教育网络体系的构建。县教育局党委已明确要求调整充实各镇(区)社区教育中心力量,目前已明确了十四个镇(区)社区教育中心负责人和具体办事人员,尚有射阳港经济开发区正在对接中。

(2) 组织我县全民终身学习活动周启动仪式。初定本月 20 日在射阳开放大学学术报告厅举行我县全民终身学习活动周启动仪式,请职社科做好会议方案及材料的准备工作。

(3) 筹备召开江苏省成人教育协会农村社区教育专委会年会暨"乡村振兴"教育共同体成立大会。按照省成协的要求,必须以省级现场观摩会的标准来准备。要认真筹备,坚持标准,不打折扣。

(4) 持续推进盐城市人口老龄化高质量考核(场所和人员)两项指标的落实。在 2023 年 1 月 10 日前全面完成两项考核的阶段性工作任务,确保进入全市第一方阵。

(5) 加快江苏省优质项目化基地"盐阜家风传承基地"的建设和推进。在 2023 年 1 月中旬做好家风建设论文和故事评选工作,并进行分类汇编成册。

(6) 组织各镇(区)开展"家庭教育社区行"和"智慧助老"业务培训活动。请各镇(区)结合全年目标任务,抓紧开展相关业务培训,利用春节,组织好相关活动。

(7) 推进县开放大学和县养老中心申报的省级"养教基地"内涵建设。要结合老年人的特点突出"养"与"教"的联动,在元旦、春节组织好慰问活动。

(8) 启动射阳老年开放大学组织的面向社会老年人的书法、朗诵培训。根据新冠疫情防控要求,坚持线上与线下教学相结合,注重培训教学质量。

(9) 组织编写切合地方特色的社区教育读本和教材。着手安排人员组织编写地方文化通识课教材《鹤乡春秋》,力争 2023 年春学期能够使用。

(10) 做好 2022 年度社区教育的年度考核工作。根据县考核办要求,实事求是地对各镇(区)全年社区教育工作完成实绩进行打分,从而树立正确的导向,推动奖勤罚懒。

三、系统思维规划 2023 年社区教育工作思路

目前属于全年各项工作收官阶段，我们要做到一手抓当前，一手规划来年工作思路。县第十六届三次党代会指出：当前，我县正处于工业化的中后期和城镇化的快速推进期。面临着做大总量与提升质量的"双重任务"、要素拉动与创新驱动的"双重要求"、加快发展与维护安全的"双重责任"。我们社区教育工作要紧紧围绕党委政府工作中心，致力推动"强富美高"新射阳建设取得更大成果。2023 年我县社区教育的总体思路如下：

（1）进一步完善社区教育管理体制和运行机制。建立健全县级社区教育指导委员会、镇（区）社区教育协调委员会、村（居）民学校三级行政管理网络和县社区教育学院、镇社区教育中心、村民学校三级业务培训体系，加强各镇（区）老年学校建设。构建"党委领导、政府统筹、教育主管、部门配合、社会支持、社区自主、群众参与"的社区教育运行模式。建立例会、督导考评、表彰奖励、联络员等相应的工作机制，及时了解发现并研究解决社区教育中出现的新情况、新问题。

（2）积极提升社区教育机构的社区教育功能。进一步提升射阳开放大学的服务能力，积极发挥教育培训、业务指导、协调服务、研讨交流等功能，及时传达国家、省、市开放大学社区教育方针政策，加强调查研究，了解基层情况。充分利用电视、广播、网络、报纸等各种媒体大力宣传社区教育，及时报道各类学习活动，宣传先进典型，使越来越多的人了解和认识社区教育，积极参与、支持社区教育工作，形成"人人都是学习之人、时时都是学习之机、处处都是学习之所"的良好氛围。筹备编印《射阳社教简报》，将全县社区教育的亮点、特色及时传送，全方位、多角度、新视角展示我县开展社区教育工作所取得的成就。加大数字化学习平台建设力度，丰富网上课程资源，出台激励村（居）民学习的政策、措施，激发广大村（居）民网上学习的兴趣，推进学习型社会建设进程。

（3）积极推进社区教育项目创建。以省级社区教育示范区的各项评估指标为引领，进一步明确职责，一手抓务实推进，一手抓创新提升，全面提高社区教育的总体水平。积极承办全省"乡村振兴教育共同体"现场会，推进我县乡村振兴教育工作走在全省前列。扎实做好社区教育学习苑、游学项目申报及特色课程、课题论文案例等评选活动，充分发挥射阳老年开放大学引领作用，加强各镇（区）老年学校建设，联合射阳县养老中心做好省级"养教基地"

项目的中期创建工作,力争建成全省示范型基地。用好现有足球场资源,举行各类足球比赛,推动全民健身活动的开展。

(4)广泛开展社区教育培训活动。根据区域经济特点、不同人群的不同需求,及时总结以往经验,不断创新工作方法,进一步完善社区教育培训计划,开展多规格、多层次、多内容、多形式的社区教育培训活动,本着"全面、全程、全员"的原则,开展满足居民需求的多样性社区教育服务。组织开展一系列面向全体居民,具有针对性、实用性的形式多样、内容丰富的各类教育培训活动,特别是加强对残疾人、老年人、少年儿童、外来人员、家政服务人员等群体的教育培训,凸现社区教育的草根性、平民化、大众化,充分保证社区教育适应社区居民,不断提高广大社区居民的综合素质和生活质量。开展企业职工教育培训、农村预备劳动力培训、农村实用技术人员培训、劳动力转移培训等,不断增强社区教育服务能力。加强老年人的各项培训和活动,持续推动老年人对智能手机使用的培训。

蓄势待发　共创辉煌

——在2022年秋学期寒假工作会议上的讲话

同志们：

根据县教育局〔2023〕1号文件，2023年寒假放假时间由各校根据实际情况自行确定，最迟不得超过1月12日，寒假结束时间为2月5日，2月6日开学上课。

一、守望相助，切实保障假期安全

（1）开展假期安全教育。上午9时我校召开了中职学生秋学期结束会议，要求同学们牢固树立"生命至上、安全第一"的理念。通过印发告家长书、发放安全教育宣传资料等形式，开展以防火、防食物中毒、防交通安全事故、防意外伤害等为内容的安全专题教育活动，突出防范学生因燃放烟花爆竹等出现的意外伤害，全面提高师生的安全意识和自我防护能力，增强家长的安全责任感和安全监护意识。

（2）严格假期安全管理。要切实加强校园安全巡查，有效落实各项安全管理措施。放假离校前，要组织对学校用电、用水、消防、门锁等，进行一次全面排查，确保设施设备安全，切实消除安全隐患。从1月9日至2月5日寒假期间，学校安排中层以上干部强化值班值守和安全保卫等工作，遇突发事件，按规定及时报告并妥善处置。

（3）优化学校疫情防控。要全面落实疫情防控优化调整要求，强化师生"自己是生命健康第一责任人"的意识，教育师生掌握必要的个人疫情防护知识，守护好身体健康和生命安全。要细化假期校园管理方案，校园原则上实行封闭式管理，对因工作需要进入学校的外来人员应做好健康监测。开学返校前，要做好所有师生员工健康状况的排查工作。

二、统筹兼顾,科学指导假期生活

(1) 合理安排假期作业。布置的寒假作业每天各科总量不超过平时作业量,保证学生有自主安排假期活动的时间。提倡布置具有活动性、体验性、探究性、实践性特点的作业,引导学生动手动脑、提高实践创新能力。要布置适量的寒假体育作业,促进学生体育运动习惯的养成。

(2) 丰富学生假期活动。学校应密切与家庭、社区联系,充分利用青少年校外活动中心、图书馆、博物馆、文化馆、体育馆、劳动教育与综合实践基地等场所,为学生提供更多有益的活动项目。引导学生在寒假期间坚持规律作息、加强体育锻炼、开展有益阅读、参加社会实践。引导学生家长树立正确的教育理念,多关注孩子身心健康,不盲目跟风参加社会培训,更多地安排符合学生兴趣爱好、特长的活动,提高学生的综合素养。

(3) 关注学生心理健康。针对学生居家时间较长的特点,我校要通过电话、微信、短信、网络等形式,及时了解学生居家学习生活和身心健康情况,指导学生家长加强与孩子的沟通交流,尊重孩子的健康兴趣,培养孩子良好的学习和生活习惯,鼓励孩子积极参加有益身心健康、陶冶情操的体育、文艺等活动,督促孩子按时作息、主动承担家务劳动,科学合理使用电子产品,不沉迷网络游戏。要持续关注随迁子女和"四特"学生等群体的假期生活。开学后一周内,所有学校不得安排各种形式的测试。

三、做好当下,谋划相关工作安排

(1) 开展师德师风教育。全面落实中小学师德师风建设要求,在放假前和开学前,要组织教师学习《江苏省〈中小学教师违反职业道德行为处理办法〉实施细则(试行)》,引导教师按照"四有"要求,自觉提升师德素养。

(2) 组织走访慰问活动。要精心组织走访慰问、帮扶救助等送温暖活动,切实帮助个别困难教职工解决生活困难。关心关爱农村留守学生、进城务工人员子女、残疾学生家庭、父母离异家庭和经济困难等学生,加大临时救助力度。

(3) 提前谋划开学工作。我校要充分发挥一线干部、教师的积极性和主动性,聚焦立德树人根本任务,按照深化教育教学改革、发展素质教育、提高教育教学质量的要求,围绕计划制订、校本研修、控辍保学、物资准备、疫情防控等主题,群策群力,优化举措,提早谋划春季开学工作。

四、同心协力,做好开放招生工作

过去的一年是党的二十大召开之年,是我们党进入全面建设社会主义现代化国家的奋斗之年,是向第二个百年奋斗目标进军的重要之年。一年来,我们的开放教育工作可谓是亮点纷呈,可圈可点,是值得肯定与表扬的。但是,这些都已经是过去时,我们不能沉湎于过去,无论是在思想上还是在工作中,都要放下"阶段性佳绩"的自满情绪,守初心,担使命,找差距,抓落实,努力在新的学期创造更大的辉煌。下面我就2023年春季开放教育招生工作提四点要求:

(1)对标先进、顾全大局。要对标先进,凡是别人的好经验好做法,我们都要虚心学习、拿来借鉴、为我所用。特别是在困难和挑战面前,要敢于啃最硬的骨头,勇挑重担,切实对标找差,推动学校的招生工作不断登台阶、上水平,实现新的突破。要强化大局观念,以学校的发展事业为重,正确处理单位和个人的关系,绝不能为了个人私利而损害学校整体利益。在工作中心往一处想,劲往一处使,真正做到思想上"合心",工作上"合力",行动上"合拍",把智慧和力量都统一到学校的开放教育招生工作上来,共同促进我校招生工作向前发展。

(2)坚持不懈、担当作为。成功没有秘诀,贵在坚持不懈。我们要有信念、有追求,对事业要有执着的韧劲,直至尽力而为、尽其所能。在面对困难的时候,绝不轻言放弃,有了坚持,我们才能不断战胜困难,勇往向前。同时,我们要不用扬鞭自奋蹄,切实强化责任意识、强化使命担当,积极行动,主动作为,做好该做的工作,让"主动担当"成为一种工作标配,真正做到任务上心、责任上肩、工作上劲。

(3)严肃纪律、规范招生。"招生是学校的生存线,质量是学校的生命线,品牌是学校的生长线。"全体教职工应按照学校统一部署,勇担责任,敢于挑战,快速行动,以强烈的主人翁责任感,不仅要完成好2023年开放教育招生工作的各项目标任务,还要在招生过程中严肃招生纪律,不做虚假宣传、夸大宣传和承诺,实行阳光招生。

(4)拓宽思路、创新机制。要创新招生举措,走向企业、走向部门、走进村居、走向部队,整合资源,通过进一步强化与各方的合作,实现共赢。如农民工求学圆梦项目、村干部学历提升项目、民办幼儿园教师素质提升工程项目、警务辅助人员学历提升计划项目等。

最后,希望全体教职员工,树立超前意识,充分发挥资源优势,积极适应新形势、新要求,及时把握招生政策和动态,高质量高标准完成本次招生任务,为学校的高质量发展作出积极贡献。

今天已是腊月十五,提前祝各位身体健康、阖家幸福、万事如意、兔年吉祥!

第三章

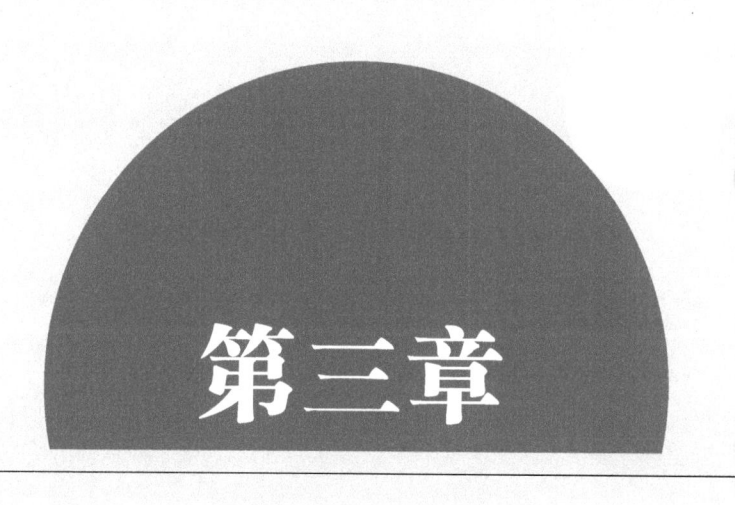

实践总结

县级开放大学引领社区教育的现状及其对策

摘要：开放大学具有指导乡（镇）社区教育指导中心工作的职能。根据2016年1月《教育部关于办好开放大学的意见》，开放大学要"坚持面向基层、面向行业、面向社区、面向农村，广泛开展职工教育、社区教育、老年教育、新型农民教育和各类培训，突出人才培养特色和学校办学特色"。因此，开放大学应主动承担社区教育的领军责任。但在实际工作中，因多种原因，基层开放大学龙头作用并没有凸显。本文通过对基层开放大学引领社区教育的现状分析，提出了解决问题对策，对其他开放大学的工作有一定的借鉴意义。

关键词：开放大学；社区教育；现状及对策

2017年10月18日在党的十九大报告中，习近平同志提出了乡村振兴战略，把解决好"三农"问题作为全党工作的重中之重。中国特色社会主义乡村振兴道路怎么走？十九大提出了七条"之路"，其中就有一条，必须传承发展提升农耕文明，走乡村文化兴盛之路。而开放大学具有指导乡（镇）社区教育指导中心工作的职能。《教育部关于办好开放大学的意见》指出，开放大学要"坚持面向基层、面向行业、面向社区、面向农村，广泛开展职工教育、社区教育、老年教育、新型农民教育和各类培训，突出人才培养特色和学校办学特色"。这一《意见》明确了开放大学的办学定位、教育对象主要是面向基层、面向行业、面向社区、面向农村。

目前苏北农村的办学条件与苏南相比还比较落后，普通的小学、初中出现严重的师资短缺，不少村小仍然使用代课老师。乡（镇）虽然都成立了教育中心，但因缺乏指导，加之人手不够，导致成人社区教育还流于形式。基层开放大学建设任重而道远，加强对乡（镇）社区教育中心的工作服务指导显得尤为重要。

经调研，目前县级开放大学在指导服务乡（镇）教育中心工作中有以下几个问题较为突出：

一、服务的形式单一,起不到领军作用

随着新技术革命引起的全球知识革命和社区居民教育需求的日益增长,社区的需求越来越多元化,有限的师资力量和教育资源难以满足乡(镇)社区居民的多元化教育需求。

目前,基层开放大学未紧跟社区教育发展而彻底转型,课程教学模式难以适应多样化的社区教育需求,教育服务选择面过窄,只能承接一些社会培训,如普通话培训、育婴师培训等,因服务形式的单一,在乡(镇)社区教育中起不到领军的作用。

二、师资的转型不够,承担不了领军作用

社区教育需要多元化人才,而现在的基层开放大学都是由传统的广播电视大学转型而来,教师的知识体系陈旧、没有完全与时代发展共进步,教学课程、教学内容、教学模式仍然是传统的一套,不能与社会实际需要相融合。各个单位编制限制死板,人员得不到及时替换,知识得不到更新。这样的一支队伍在服务乡(镇)社区教育中没有能力承担起领军作用。

三、创新驱动不够,没有发挥龙头领军作用

虽然积极运用了网络教育和网络课程资源等元素,但是缺乏对乡(镇)社区居民学习需求的动态研究,教师知识陈旧,社区教育的科研文章更是少之又少。各个乡(镇)社区自成条块,各自为政,各乡(镇)社区教育资源匮乏,覆盖广大乡(镇)社区家庭的渠道没有打通,难以调动和协调社会各方力量,造成社区教育资源很难共享,教育资源大量闲置,服务功能散性思维,想尽办法去解决问题,但在实际工作中又找不到抓手,不知道怎么去发挥作用。这是目前基层开放大学服务乡(镇)社区教育的困境所在。

四、配套的资金不足、职能不明、法规不全,无法实现领军作用

社区教育虽然得到了重视,但因区域发展不平衡、资金的不到位、人员配备的不足等多种原因,许多地方社区教育并没有落到实处。《教育部关于办

好开放大学的意见》中提出,开放大学要"坚持面向基层、行业、社区、农村,广泛开展职工、社区、老年、新型农民教育和各类培训,突出人才培养特色和学校办学特色",对乡(镇)社区教育中心也只有指导的职能。而开放大学对乡(镇)社区教育中心的指导没有硬性的规定,能多指导也能少指导,时间长了什么也不指导。这样,开放大学在实际的工作中就无法实现领军的作用。

为此,在充分调研和多次研讨的基础上,我们对如何发挥县级开放大学在社区教育中的龙头领军作用想到了以下几点对策措施:

一、积极探索办学新模式,在服务的实践中凸显领军的作用

多元化的社会需要多元化的服务,学校要打破传统思维,"不拘一格降人才"。可以将乡镇社区联成一个网络,整合社会各方面的资源,满足不同个体的学习需要,如老年人需要健康医药知识,中、青年关注电商知识等,学校都可以实现线下和线上的服务。为方便其学习,我们还可以通过大数据,用知识推送的形式来满足不同需求的人学习。通过持续创新服务方式,让社区大众在学习中了解、认识,最终认可开放大学社区学院的领军作用。

二、内铸师资,外抓培训,整合出一支拿得出、打得响社区教育的领军人才队伍

为适应多元化的社会需求,开放大学本身要加强师资队伍建设,打破传统的编制限制,采用"拿来主义",外聘各行业的专业人才。建立社区教育的名师工作室,带动整个师资队伍向好发展。名师能进来,我们的教师也能走出去,创塑社区教育品牌,打造社区教育的样板县、示范县。在此基础上,还需要加强社区教育的智库建设,以社区学院智库建设带动乡(镇)社区教育的教科研,真正发挥开放大学的引领作用。

加强对乡(镇)社区教育中心人员的培训。基层社区教育服务工作人员,生于斯,长于斯,是社区民众的一分子,通过对他们的培训,可以达到"一生二、二生三、三生万"的教育效果。开放大学要坚持以人民为中心的发展思想,坚持以人民为中心的教育导向。这是开放大学转型变革、实现跨越发展、担当社区教育领军职责的根基。

三、坚持正确的社区教育政治方向,开放大学一定要发挥好在思想上的引领作用

意识形态工作是党的一项极端重要的工作,事关党的前途命运,事关国家长治久安。基层开放大学面对的是成人教育,一定要把意识形态的思政工作放在极其重要的位置。国家开放大学、江苏开放大学都开设了《形势与政策》等课程,这一点做得非常好。基层开放大学也可通过课程开发,编写一系列反映地方特色的文化乡土教材,从而培养社区民众的家国情怀。还可以组织一些丰富的活动,寓教于乐,送教上门,在节目中植入社会主义核心价值观,从而实现在思想阵地建设上的引领作用。

四、进一步完善服务保障机制,建立健全各项配套法规,使开放大学在引领乡镇社区教育中师出有名

教育部等九部门《关于进一步推进社区教育发展的意见》(教职成〔2016〕4号)(以下简称《意见》)中明确社区教育机构职责定位:县(市、区)社区教育学院(中心)负责课程开发、教育示范、业务指导、理论研究等。乡镇(街道)社区学校负责组织实施社区教育活动,指导村(社区)教学站(点)的工作。村(社区)教学站(点)为居民提供灵活便捷的教育服务。在《意见》中,县(市、区)社区教育学院有业务指导的定位要求,但地方性社区教育的相关配套性文件规定尚未出台或落地,开放大学服务乡(镇)社区教育尚处于"上热下冷""单打独斗"的被动局面。建议由政府层面成立社区教育服务指导中心,办公地址设在开放大学,这样关系理顺,领军作用也就水到渠成。

课题编号:JSS-C-2020014

县级开放大学承担社区教育领军责任策略研究

（结题报告）

宋扣明

在县委县政府的正确领导下,在盐城开放大学的精心指导和市县教育局的关心支持下,围绕建设学习型社会、提高社区居民整体素质和生活品质的总体目标,射阳开放大学组织各社区教育中心和部分职能科室负责人赴常州、扬州、连云港等地进行实地调研、考察学习,借鉴各地区在社区教育工作方面的经验做法,充分利用、拓展各类教育资源,积极开展社区教育工作,取得初步成效。

一、初步成果

近年来,射阳开放大学借助开放教育平台,积极探索服务社区教育新模式,充分发挥基层开放大学领军作用。课题组以实践为导向,以课题为依托,以教改为抓手,努力探索服务社区新路径,取得了显著成绩。相继打造出了"养教联动"、"游学基地"、"优质项目化基地"和"学习体验基地"等一系列作用明显的社区教育项目,全面提升了射阳县社区教育品质。2020年底我县被评为社区教育示范县。2020年和2021年,我校社会教育工作得到了江苏省社会教育服务指导中心的充分肯定,连续两年被表彰为"社会教育先进集体"。

二、发现问题

1. 转型缓慢

时代在进步,而开放大学内部管理体制、服务机制并未随办学定位的变化发生根本性的改变,教学目标、教学方式和方法也未能在社区教育迅猛发展中全面跟进,这在无形中弱化了开放大学服务社区教育应有的引领功能。

加之地方政府对推进乡(镇)社区教育这一基础工程认识还不到位,基层开放大学服务乡(镇)社区教育往往更多地表现为"算盘珠"角色,难以发挥开放大学服务乡(镇)社区教育的领军作用,教育服务功能没有能够得到充分实现。

2. 形式单一

目前,部分基层开放大学未紧跟社区教育发展而彻底转型,课程教学模式难以适应多样化的社区教育需求,教育服务选择面过窄,只能承接一些社会培训,如普通话培训、育婴师培训、农业植保无人机操作培训等,本来应由开放大学承担的社区教育培训,被民办的校外培训机构抢占。因服务形式单一,基层开放大学在乡(镇)社区教育中无法发挥领军作用。

3. 结构欠优

社区教育需要多元化人才,而现在的基层开放大学都是由传统的广播电视大学转型而来,不少教师的知识体系陈旧、没有完全与时代发展共进步,教学课程、教学内容、教学模式仍然较为传统,不能与社会实际需要相融合。各个单位人员编制有限,社区师资力量得不到补充,师资结构得不到及时调整,知识得不到更新,现有的社区教育师资队伍在服务乡(镇)社区教育中没有能力承担起领军作用。

反思:缺乏有效联动机制,缺乏适用长期规划。

4. 创新不足

县级开放大学"加强对区域内的乡(镇)社区教育中心人员的教科研指导"等政策未能很好落地,对乡(镇)社区教育的指导缺乏创新驱动。各个乡(镇)社区自成条块,各自为政,开放大学服务乡(镇)社区教育,难以调动和协调社会各方力量,造成社区教育资源未能形成良好的共享机制,服务功能提升受到严重阻碍。

反思:需要做好顶层设计,需要主动对接相关部门,需要品牌项目造势和助推。

5. 考核不严

在实际工作中,社区教育需要大量投入,加之《教育部关于办好开放大学的意见》对开放大学指导社区教育没有硬性的规定,能多指导,也能少指导,开放大学在实际工作中无法实现领军的作用……

反思:应有的配套经费未能及时到位,缺乏有效的激励机制。

三、对策措施

1. 明确并落实职能,发挥在乡镇社区教育中的领军作用

加快发展面向每个人、适合每个人、更加开放灵活的教育体系,建设学习型社会。

（1）制订并执行县域社区教育办学规划。
（2）传播并推广县域社区教育办学理念。
（3）整合并拓展县域社区教育办学资源。
（4）求新并创新县域社区教育办学模式。
（5）求新并创新县域社区教育办学模式。
（6）组织并实施县域教育办学培训。
（7）完善并优化县域社区办学条件。
（8）创造并做优县域教育办学成果。

2. 积极探索办学新模式,在实践中凸显领军作用

开展智慧助老、防诈骗知识讲座、老年团辅活动、送戏进养老中心等活动。

3. 内铸师资、外抓培训,整合出一支社区教育的领军人才队伍

成立名师工作室、社区干部培训班,积极开展团队建设,申报长三角市民终审学习体验基地等。

4. 完善服务保障机制,建立健全配套法规,使开放大学在引领乡镇社区教育中有依据

县（市、区）社区教育学院（中心）负责课程开发、教育示范、业务指导理论研究等。乡镇（街道）社区学校负责组织实施社区教育活动指导村（社区）教学站（点）的工作。村（社区）教学站（点）为居民提供灵活便捷的教育服务。

四、巩固提升

1. 扩大覆盖面积,提高全民参与度。
2. 围绕乡村振兴,打造优质化教育。
3. 提升课题成果,推广领军作用。

五、前景展望

下一步,我校将以此次结项论证会为契机,进一步完善终身教育体系,不断创新社区教育运行机制,积极打造具有地方特色和丰富内涵的社区教育品牌,将"县级开放大学承担社区领军责任策略研究"打造成社区教育品牌项目,变成可复制、可推广的试点经验!

社区教育助力乡村振兴路径研究

——江苏射阳开放大学培养乡村振兴人才的实践探索

实施乡村振兴战略,是中共十九大作出的重大决策部署,是新时代"三农"工作的总抓手。乡村振兴战略坚持农业农村优先发展,目标是按照产业兴旺、生态宜居、乡风文明、治理有效、生活富裕的总要求,建立健全城乡融合发展体制机制和政策体系,加快推进农业农村现代化。

社区教育助力乡村振兴战略实施,是贯彻落实中央重大决策部署的重要环节。通过社区教育,加快构建学习型社会,全面提升国民素质,推进农业农村的现代化。射阳县社区教育一直走在全市前列,2020年,射阳县被评为全省社区教育示范县。射阳开放大学的社会教育工作,2020年度被江苏省社会教育服务指导中心表彰为"社会教育先进集体"。

近年来,射阳开放大学借助开放教育平台,积极探索服务社区教育新模式,加大对村(居)干部的学历提升培训。2021年春季招生,共招收江苏开放大学学员503人,其中本科招生207人,专科招生296人,村(居)干部招生达121人。在这121人中,本科报名67人、专科报名54人,本科比例达55%。学校针对村(居)干部的学历提升工作,得到了江苏开放大学和江苏省社会教育服务指导中心的充分肯定,其做法在全省推广。6月8日,江苏开放大学党委常委、纪检书记顾新华专门带队到该校调研,了解村(居)干部学历提升、助力乡村振兴的具体做法。

一、深入乡村,调查摸排生源

村干部作为乡村振兴队伍中的中坚力量,他们的政治自觉性、整体素质、工作能力和执行力直接关系着乡村振兴战略的实施成效。射阳开放大学在2020年秋季就开始在村(社区)干部学历提升工作中积极探索,深入调研,及时成立由各科室负责人为主要成员的村(社区)干部学历提升工作调研小组。调研组成员分片包干,采取"听、访、谈"等方式,全面摸排各镇(区)"两委"干部的年龄、文化结构,统计符合学历提升条件的村(社区)干部数量,收集他们对学历提升的意见、建议和要求。通过深入排查,全县村(社区)"两委"换届后,共有45周岁以下"两委"成员970名,其中大专及以上学历的754名,大专以下学历的216名。

二、精心组织,制定实施方案

结合村(社区)"两委"换届选举工作,射阳开放大学领导班子对全县村(社区)干部学历提升工作进行专题研究,积极对接县委组织部商讨学历提升方案,着力谋划村(社区)干部学历提升工作,获得县委组织部的大力支持。2021年2月26日,射阳县委组织部面向全县村(社区)干部发出《关于实施村(社区)干部学历提升计划的通知》。通知要求,2021年实现全县45周岁以下村(社区)"两委"干部大专学历(包含大专在读)达100%,两年内实现全县村(社区)"两委"干部本科及以上学历(包含本科在读)达25%。

三、强化宣传,招生服务上门

近年来,脱贫攻坚、疫情防控、乡村振兴等工作任务重、要求高,很多村(社区)干部受困于文化程度和工作能力的限制,心有余而力不足。面对这一形势,学校组织人员定点赴各镇(区)开展招生宣传工作,向广大村(社区)干部宣传学历提升的重要性、紧迫性,介绍专业课程相关知识和内容,及时为村干部解难答疑,动员符合条件的村(社区)"两委"干部踊跃报名参加。据统计,除部分已自行参加学历提升的村(社区)干部外,大部分符合报名条件的村(社区)干部都报名参加了此次学历提升教育。

四、完善措施,创新教育模式

为进一步激励全体村(社区)干部树立信心,提高学习积极性,有效解决村(社区)干部的工学矛盾,射阳开放大学积极创新学习方式,制定了《关于促进村(社区)干部学历提升的十条激励措施》,不定期开展送教下乡活动,指导学员制定符合自身实际的学习目标和学习计划;每学期评选优秀学员进行表彰奖励,激励学员树立终身学习的理念,全面提升综合素质;积极推荐学员受省级表彰,推荐品学兼优的学员申领江苏开放大学奖学金;最大限度为村(社区)干部接受教育提供便利。此外,还出台了射阳县村(社区)干部学历提升扶持政策,规定村(社区)干部学历提升费用由镇(区)财政承担1/3,村(社区)承担1/3,学员个人承担1/3。除了所在镇(区)和村(社区)按相关文件进行奖补之外,学校还将对按期毕业的本科学员一次性奖励2 000元,对按期毕业的专科学员一次性奖励1 000元。

2021年4月18日上午,射阳开放大学在学术报告厅举行了江苏开放大学(射阳)村(社区)干部学历提升班开学典礼,121名村(社区)干部全部参加了活动。江苏开放大学招生合作处陈翀处长在会上讲了话,对村(社区)干部学历提升班学员提出了学习要求;盐城开放大学校长杨军也专程来开学典礼现场指导开学工作。(射阳)村(社区)干部学历提升班开始有序开展课程学习。

2021年7月,射阳开放大学申报的《社区教育助力乡村振兴的路径研究》课题,被江苏省社会教育服务指导中心立项为重点课题。加快提升村干学历,持续助推乡村振兴,是我校2021年重点研究的课题,也是具体实践。我们认为,以加快村干学历提升,进而带动全社会学习的社区教育,对巩固党的执政基础、助力乡村文化建设、助力乡村人才储备、助力乡村治理优化、助力乡村创塑品牌等工作,都有积极的推动作用。

巩固党的执政基础。《中共中央国务院关于实施乡村振兴战略的意见》中明确指出,必须把夯实基础作为固本之策,建立健全党委领导、政府负责、社会协同、公众参与、法治保障的现代乡村社会治理体制,坚持自治、法治、德治相结合,确保乡村社会充满活力、和谐有序。社区教育在教育过程中,通过对村干部的学历提升,让他们成为党的政策的宣传队和播种机。通过对他们的政治教育,进一步加强社会主义核心价值观的传播和熏陶,从而更好地发挥基层党组织的战斗堡垒作用。做好社区党群服务中心每个人的学历提升,也有利于干部对理论知识的学习,能够优化党组织服务水平,实现社区教育同基层党建的有机融合。

助力乡村文化建设。提升村干部的学历,为乡村振兴提供智力支持。基层村干部最"接地气",与基层人民接触最密切。通过提升他们的学历、政治素养,能够为新时代乡村居民的精神家园培养更多的守护者。基层领导干部的素质提高了,再通过开展文明乡风、最美地方人员评选等活动和道德讲堂、优良家风、家训等宣传工作,新时代文明之风就容易在乡村落地生根、开花结果。

助力乡村人才储备。通过继续教育为乡村成年人学历提升提供便利,通过一村一项目,为乡村储备一批后备干部,开展形式多样的社会培训,提升农民的致富就业技能。通过电商培训,为农村培育一批经纪人,让农民学会推销自己的产品,培育带有区域特色的产业,积极打造乡村特色品牌,实现了传统农业的转型升级,提高农民的实际收入水平。我们也着手开展老年人的智能手机使用培训,让老年人在社会的发展中不落伍、不掉队。同时加强对老年人的学历提升,让社区教育在乡村振兴中发挥重要作用。

助力乡村治理优化。通过对村干部的学历提升,进而延伸到社区各类人员的培训,对助力乡村治理优化起到很大的作用。完善乡村治理体系,既是乡村全面振兴的重要内容,又是乡村全面振兴的关键性保障。社区教育在乡村治理中可进行多样化探索,以丰富多样的教育活动引导人、培育人,筑牢农村居民的法律意识与法治观念,营造积极健康的精神家园。社区教育开展得越是充分到位,村庄社区就越和谐,信访就越规范。开展多主题的文化宣传系列活动,倡导文明健康、简约适度、积极向上的生活方式,为和谐乡村建设作出积极贡献。由提升村干部学历进而推进到社区各类培训的社区教育,还有利于优化农村环境,提升人们的生活质量和促进可持续发展。通过社区教育,积极引导社区居民开展垃圾分类、环境保护等活动,对社区脏、乱、差环境进行整改,从而美化环境,建设美丽新家园。

助力乡村创塑品牌。乡村振兴首先将农村经济发展放在第一位,体现为"产业兴旺"。通过科技创新加快农业现代化,实现农村产业结构调整升级,延长产业链、提升价值链、完善利益链;加快构建特色农业现代化产业链体系,推动农村第一、第二、第三产业融合与发展;坚持质量兴农,助推农村产业的绿色化、优质化、特色化、品牌化。

通过提升社区村干部学历进而提升社区各类人员的文化素质,重点打造一批专业技术能力强的地方人才,对创塑社区品牌、助力乡村打造农业特色基地,用品牌的影响力推动和谐社区、美丽乡村建设都有十分重要的作用。

课题编号：JSS-B-2021007

社区教育助力乡村振兴路径研究

——以盐城市射阳县为例

（中期报告）

宋扣明

一、项目简介

1. 研究背景

2021年4月29日第十三届全国人民代表大会常务委员会第二十八次会议通过了《中华人民共和国乡村振兴促进法》，第一条开宗明义，指出立法的宗旨：为了全面实施乡村振兴战略，促进农业全面升级、农村全面进步、农民全面发展，加快农业农村现代化，全面建设社会主义现代化国家。国家以立法的形式为乡村振兴战略实施保驾护航，这也是本课题研究的政策依据。习近平总书记在2021年"七一"重要讲话中发出了"始终同人民想在一起、干在一起，风雨同舟、同甘共苦"的号召，我们在课题研究中提出支持服务乡村振兴也是对习近平总书记提出的"两在两同"号召的响应和生动实践。

2. 研究现状

在我国，社区教育起步时间不同，苏北地区相对较晚，近十年来才逐渐受到重视，研究社区教育的文章逐渐多起来。实施乡村振兴战略，是中共十九大作出的重大决策部署，之后关于社区教育助力乡村振兴的话题才被大家关注，与之相关的话题还有社区教育与脱贫攻坚、社区教育助力精准扶贫等。

乡村是我国经济相对薄弱的环节，提出乡村振兴的战略号召也显得十分迫切。2021年6月1日，《中华人民共和国乡村振兴促进法》正式施行。在这个背景下研究社区教育助力乡村振兴路径有很强的时代性和现实研究意义。

3. 研究意义

（1）本课题通过对社区教育的现状及原因进行剖析，找出解决问题的对策,从而为社区教育助力乡村振兴找到一条可以借鉴的实施路径。

（2）通过具体的路径研究,探索社区教育在产业发展、人才支撑、文化繁荣、生态保护、组织建设和城乡融合等方面发挥的作用。

二、项目进展情况

根据苏社教指〔2021〕9号的相关要求,省社指办组织专家对申报材料进行了匿名评审,我校"社区教育助力乡村振兴路径研究"获批省社教指重点课题立项,学校领导班子高度重视此课题的立项,把课题立项与学校的高质量发展紧密联系起来,迅速成立课题班子,充实课题组成员,制订课题研究计划、落实人员分工,积极组织开题。

2021年8月底,学校邀请教师发展中心主任戴启明、副主任王兆熙,教育局中教科刘步柏科员等同志参加了我校课题的开题仪式。

2021年10月11日,课题组负责人宋扣明同志和徐昶同志赴常州参加了2021年江苏省社会教育服务指导中心组织的重点以上立项课题的课题开题报告答辩,答辩会议由省社指中心吴处长主持,我校宋扣明同志代表课题组进行了答辩。宋扣明同志从选题依据、研究内容、思路方法、创新之处、前期准备及预期研究成果六个方面陈述了课题研究的基本思路和框架,课题报告得到了省社指中心专家组的充分肯定。

课题开题之后,课题组根据课题分工迅速落实,责任到人,各科室主动承担课题的实践任务。目前,课题正有条不紊地按照计划实施。

三、项目阶段性成果

1. 发挥开放大学教学平台作用,推动学校的社区教育支持服务于乡村振兴

（1）摸排生源：深入乡村,调查摸排生源。

（2）制订方案：精心组织,制订实施方案。

（3）宣传服务：精心组织,制订实施方案。

（4）创新模式：完善措施,创新教育模式。

（5）开办乡村振兴培训班,发挥头雁作用。

（6）开展不同专业培训,精准打造专业人才。

2. 打造学习体验基地,加快推进学习型社会建设

2020年以来,学校在校长室的领导下,以推进学校高质量发展为目标,打造全省县级开放大学排头兵,以项目申请推动学校工作开展,成功申报了"农民画创作学习体验基地""长三角市民终身学习体验基地""养教联动基地"等项目。

3. 论文发表

(1)《县级开放大学引领社区教育的现状及其对策》

该论文发表于《江苏社会教育》2021年第一期(总第42期)

(2)《射阳开放大学支持服务乡村振兴人才培养的实践探索》

该论文发表于《江苏社会教育》2021年总第44期

(3)《加快提升村干学历　持续助推乡村振兴——江苏射阳开放大学培养乡村振兴人才的实践探索》

该论文发表于《乡村振兴参考》2021年总第17期(主办《农村青年》杂志社)

四、项目拟达成目标

1. 突出助力乡村文化建设

提升村干部的学历,为乡村振兴提供智力支持。基层村干部最"接地气",他们与基层人民接触最密切。通过提升他们的学历、政治素养,为新时代乡村居民的精神家园培养更多的守护者。基层领导干部的素质提高了,再通过开展文明乡风、最美地方人员评选,道德讲堂、优良家风、家训等宣传,新时代文明之风就更容易在乡村落地生根、开花结果。

2. 加快助力乡村人才储备

通过继续教育为乡村成年人学历提升提供便利,通过一村一项目,为乡村储备一批后备干部,开展形式多样的社会培训,提升农民的致富就业技能。通过电商培训,为农村培育一批经纪人,让农民自身学会推销自己的产品,培育带有区域特色的产业,积极打造乡村特色品牌,实现传统农业的转型升级,提高农民的实际收入水平。我们也着手加强老年人的智能手机使用培训,让老年人在社会发展中不落伍、不掉队,最近也在酝酿加强提升老年人的学历,让社区教育在乡村振兴中发挥重要作用。

3. 提升助力乡村治理优化

通过对村干部学历的提升,延伸到社区各类人员的培训,对助力乡村治理优化,也有很大作用。完善乡村治理体系既是乡村全面振兴的重要内容,

也是乡村全面振兴的关键性保障。社区教育在乡村治理中可进行多样化探索,以丰富多彩的教育活动引导人、培育人,筑牢农村居民的法律意识与法治观念,营造积极健康的精神家园。社区教育开展得越充分到位,村庄社区就越和谐,信访就越规范。开展多主题的文化宣传系列活动,倡导文明健康、简约适度、积极向上的生活方式,为和谐乡村建设作出积极贡献。聪提升村干部学历进而推进到社区各类培训的社区教育还有利于优化农村环境,提高人们的生活质量和促进可持续发展。通过社区教育积极引导社区居民开展垃圾分类、环境保护等活动,对社区脏、乱、差环境进行整改,从而美化环境,建设美丽新家园。

4. 注重助力乡村创塑品牌

乡村振兴首先将农村经济发展放在第一位,体现为"产业兴旺"。通过科技创新加快农业现代化,实现农村产业结构调整升级,延长产业链、提升价值链、完善利益链;加快构建特色农业现代化产业链体系,推动农村第一、二、三产业融合与发展;坚持质量兴农,助推农村产业的绿色化、优质化、特色化、品牌化。

课题编号：22SZJC027

追求家庭全员"两好两强"终身教育研究

（开题报告）

宋扣明

一、课题研究意义

"两好两强"即"品行好、学习好，身心强、能力强"，这是现代公民追求的核心素养。一个家庭，如果有人品行不好，甚至会出现坏人或罪人；如果有人身心有疾病，会出现"废人"；如果有人不学习没能力，甚至会出现庸人。如果一个家庭出现了罪人或"废人"或庸人，这个家庭的振兴可能就没有太大希望。一个家庭只有多出"两好两强"人才，才会更有希望。本课题目前在国内外尚未见研究。

本课题研究有利于提高家庭全体成员的素质。近期调研表明，目前盐城市不少家庭的教育处于低效或无效的状态，家长不修养自己的品行，却希望孩子品行好；家长不注重自己的学习，却希望孩子的学习好；家长不懂得自己的保健，却希望孩子的身心强；家长不提升自己的能力，却希望孩子的能力强。这样的家庭教育，效果甚微。而实施本课题，可让家长带头修行来涵养孩子的"品行好"，可让家长终身学习来促进孩子的"学习好"；可让家长终身保健来促进孩子的"身心强"；可让家长提升能力来带动孩子的"能力强"，从而实现家长和孩子的共同成长。

教育既是国之大计，也是家之大计。只有亿万家之振兴，方有国之强盛。作为家之大计，我们往往重视的是对孩子的教育，却忽视了对家长的教育。新时期的家庭教育，不仅包括对子女的教育，还包括家长的自我教育，应当是家庭全员持续学习与不断追求的终身教育。家兴国强靠人才，什么样的人才才能兴家强国？无疑为"两好两强"人才。家长不仅要教育孩子追求"两好两强"，自己更应当好追求"两好两强"的带头人。没有家长的追求，难有孩子的卓越!

二、课题研究内容

品行好:情操高尚的家长,易教出情操高尚的孩子;情操卑俗的家长,易带出情操卑俗的孩子。家长应重视情操的终身涵养,好的家庭教育,不在言语,而在行为,不在说教,而在影响。

学习好:从家庭层面讲,终身学习能力也是一种生产力、一种竞争力,能培养出高素质的家长和高素质的孩子。

身心强:追求全家人的身体与心理的健康,尤其是心理健康,这在不少家庭没有得到重视。

能力强:家长立足于解决家庭生活中遇到的各种问题,包括工作问题、家庭问题、自身发展问题等。制订孩子的教育策略,通过培养孩子良好的生活习惯、学习习惯,树立孩子的德行和责任心,平复出现裂痕的家庭关系,修复家长与子女的关系以及家庭其他成员之间的关系,让家庭获得幸福感。

三、课题研究方案

(1) 研究目标

摒弃家庭教育狭隘的只注重孩子教育而忽视家长自身教育的倾向,形成家庭全员的终身教育。

摒弃家庭教育只追求分数的功利尺度等弊端,用广阔的人性尺度和人生尺度培养祖国未来的人才。在人性角度,家庭教育的主要任务是去恶扬善,去伪求真,培根铸魂,启智润心;在人生角度,家庭教育的主要任务是促进人的身心健康,生活幸福,体现价值,追求梦想。

实现家庭、学校与社会教育的融合,让"两好两强"成为家庭可持续发展的奠基工程。

(2) 研究思路

从家庭教育变革和发展的视角,将"两好两强"终身教育体系的构建视为终身教育思想指导下新的现代家庭教育的形成,通过改变家庭教育观念、调整和优化家庭教育结构、协调不同教育对象间的关系,促进家庭教育的内容方法、培养模式以及整个家庭教育体系实现革命性的转变。

（3）研究方法与技术路线

本课题主要采用实践法、调查法、资料法等方法。

本课题的技术路线：一是孩子层面的"两好两强"实施途径；二是家长层面（分父母和隔代）"两好两强"终身教育的实施途径；三是家庭、学校与社会层面的融合。

（4）创新点和时间进度安排

课题研究的创新之处：首次提出了"两好两强"的家庭终身追求的教育目标，解决家长成为什么样的人、家长要培养什么样的人的问题，提出了家庭全员终身教育的问题。

时间进度安排：

2023年1—2月，调研、开题论证。

2023年3—12月，全面实施，完成研究报告1份（市级推广）。

2023年12月前完成论文《"两好两强"的终身教育与家庭家教家风建设》。

2023年6月前出版《家风探究与传承》。

四、预期研究成果

序号	完成时间	成果名称	成果形式
1	2023.2—2023.6	研究报告1份	研究报告
2	2023.2—2023.12	论文《"两好两强"的终身教育与家庭家教家风建设》1份	论文
3	2023.6	论著《家风探究与传承》	论著

课题编号:23skB19

县域老年人"养教联动"的分类指导

(开题报告)

宋扣明

新的时代,我国已经将社区教育工作列为各级开放大学的工作任务。为此,本人牵头组织申报了"县域老年人'养教联动'的分类指导",现已经被盐城市社科联立项为2023年度盐城市社科基金项目研究课题。为了更好地推进该课题的研究工作,我校成立了课题研究的领导小组,搭建了工作专班。经领导小组讨论研究决定,本课题研究按照以下方案进行实施,现报告如下。

一、背景与意义

1. 选题依据

2022年,中国人口出现近61年来的首次负增长。国家统计局数据显示,2022年末全国人口(包括大陆31个省、自治区、直辖市和现役军人的人口,不包括居住在31个省、自治区、直辖市的港澳台居民和外籍人员)141 175万人,相比上年减少了85万人。在这"-85万"的人口数据背后,是出生人口数量的快速下跌和社会老龄化程度的加剧。2022年末,中国60岁及以上人口有28 004万人,占全国人口的19.8%。这意味着,距离我国整体迈入中度老龄化社会仅差0.2个百分点。

2. 选题意义

随着我国社会经济的不断发展,居民的生活环境发生了较大变化,人均寿命得到了很大程度的提高。随着时间的推移,老年群体越来越庞大,而我国在社区养老、助老的具体环节中仍存在许多问题,必须认识这些问题,并采取相应的措施予以有效指导,才能更好地推动"养教联动"。"人口众多、结构老化"已成为社会现实。目前,尚未形成面上可推广的养老好模式。探究与实践"养教联动"的养老模式,进行分类指导,对当今社会教育具有一定的指导意义。

二、国内外研究现状及预设突破点

1. 国内外研究现状

目前,社区老年人养老助老体制机制尚未完善,适时开展"养教联动"课题研究,在社会医疗保障、家政服务、体育设施、老年学习、休闲娱乐、特长展示等方面深入调研,都是"养教联动"不可缺少的具体内容。然而,当前社区养老助老服务还存在一定问题。

一方面,县域老年人医疗保障不够平衡,个别单位医疗费用高,导致极个别老人有病不能医、不敢医。尽管公立养老机构有相应的政府补助,但在某些疾病的医疗资金上,不能满足需求。另一方面,缺乏相应的设施且使用率相当低,造成这一问题的原因,一是缺乏资金支撑,二是缺乏相应的指导,缺乏系统的经验,缺乏专业的"养教联动"队伍。

老年人已经形成一个有着特殊需求的庞大群体,老年人的生理需求、安全需求、归宿与爱的需求、尊重需求、自我实现的需求,既有普遍性也有特殊性。根据老年人的需求,借鉴世界上福利型国家和地区的经验,结合我国国情,开展和加强社区养老助老服务已成为我国社会福利工作的当务之急。老年服务主要是开办养老、敬老、托老福利机构,建立老年人医疗保健机构、老年活动中心,开办老年学校,开展老年人法律援助、老年人心理咨询等。目前盐城市的养老助老服务与老年人的迫切需求衔接度较高,但个别县区相距甚远,存在观念认识不到位、政策法律不健全、基础设施不适应、硬件设施和服务水平跟不上、专业工作人员缺乏、志愿者队伍人员不足等问题。

2. 预设突破点

本研究提出养老助老的对策和建议,充分认识其重要性和迫切性,走社会化道路,走产业化道路,走专业化道路,以发展的观点开展和加强养老服务,实行"养教联动"的分类指导。

三、课题内涵提示

县域老年人"养教联动"是指为了提高社区全体老年人的生活水平,整合利用各类可利用的优质教育资源,结合社会经济发展需要开展的一系列"养"

与"教"有机融合的系列活动。县域"养教联动"的对象是社区全体老年人,主要围绕社区管理、社区建设、和谐社区的构建、老年人幸福指数的提升等展开,促进老年群体生命质量和生活质量的提高,具体包括老有所养、老有所医、老有所教、老有所学、老有所乐、老有所为等内容。

分类指导是指以促进老年群体生命质量和生活质量提高的理念为引领,树立开放、灵活、优质、便捷的指导理念,充分运用现代信息技术,创新指导形式、组织模式和运行机制,努力服务全体老年人。

县级开放大学凝练办学宗旨,明确学校发展目标、办学层次、服务类型和规格,发挥教育资源整合集成、现代信息技术与教育教学深度融合、人才成长通道转换衔接等方面的优势,开展人才培养模式创新;细化服务方向,针对区域、行业、企业等不同老年群体提供与之相适应的教育服务,坚持面向基层、面向行业、面向社区,成为盐城市现代远程教育的龙头、社会培训的基地、社区教育的中心、老年人学习与康乐的超市。

四、研究目标

总体目标:以《关于开展2022年江苏省"养教联动"基地建设相关工作的通知》为指导,以国内外有关开放大学与社区教育融合发展的理论为依据,借鉴国内开放大学与社区教育融合发展养老事业的成功经验,从理论和实践两个层面展开研究和探索,探求开放大学与社区教育融合办好"养教联动"的分类指导。

具体目标:通过对射阳县老年人"养教联动"分类指导现状的研究,把握开放大学与社区教育融合发展的关键要素;从管理理论体制改革层面研究开放大学与社区教育融合如何发展养老事业,为开放大学与社区教育融合发展养老事业提供管理理论支撑;通过运用终身教育学习平台开展社区养老教育的研究,为远程开展社区养老教育提供成功经验;通过加快推进开放大学助力社区养老工作的研究,探索开放大学与社区融合办好"养教联动"的路径;通过典型工作项目的研究,为今后养老工作提供可借鉴的经验和方法。

五、研究内容

重点:康乐指导、师资打造。
难点:资金筹集、精准服务。

主要目标:促进老年群体生命质量和生活质量的提高,提升社会家庭的幸福指数。

1. 养教项目与人员分类的研究

(1) 养教项目分类

老有所养,老有所医,老有所教,老有所学,老有所乐,老有所为。

(2) 养教对象分类

住在养老基地的老人,住在家中的城镇老人,住在家中的农村老人,家庭经济条件好的与家庭经济条件不够好的老人,身体健康的与身体不够健康的老人,有特长的与没有特长的老人,有自理能力的与没有自理能力的老人。

(3) 养教机构或在家养教类型分类

(4) 管理人员与师资的分类

2. "养教联动"策略的研究

(1) 以点带面,探索"养教联动"新模式

积极探索"养教联动"新模式。创建县域"养教联动"基地,开设舞蹈、健身运动、棋牌、书法、绘画、朗诵等课程培训班,组织广场舞、书画比赛、歌咏比赛以及传统节日庆祝等公益活动。

(2) 以学促养,开展老年人运用智能技术专项培训

开展"智慧助老"行动,切实帮助老年人解决日常生活中运用智能技术的问题,积极推动社区开展老年人运用智能技术专项培训。

(3) 以行促学,打造丰富多样的老年人活动形式

促进活动进老年学校、进社区居民学校、进养老院,一方面积极筹办老年赛事,如"全民终身学习活动周"、"敬老月"、"特长展示"(如端午包粽子、过年包水饺)、主题宣传活动周等,另一方面组织开展各类活动,如送教上门,为行动不便、半自理老人送去教育关怀。开办老年书画作品展,吸引老年人走出家门,融入社区,增强空巢老人、独居老人的幸福感、参与感。举办老年大学合唱节、老年太极健身展演等,进一步丰富老年人的文体生活。

(4) 以研促教,加强老年教育师资队伍建设

经过前期调研,基于老年大学、居民学校师资分配不均、学位紧张的现实情况,推进市、县级优秀教师资源库建设,吸引优秀志愿者、社工加入教学队伍,均衡区域间教学,为老年教育提供有针对性的服务。

师资队伍的组建与培养,是建立养教结合工作长效机制的关键环节。老年人课堂的特点就是教学难度低,教师资源易培养,但需要足够的耐心和责任感。这不仅要依靠老学者、老专家、老教师、老艺术家志愿服务,还要依靠

养老院社工,由于社工长时间与老人接触,最了解老人的需求,因此,在师资培养中将重点面向社工开展课程培训,让其担任教师助教。

(5) 形成"学养结合"运行机制

一是教育和民政的结合。由教育部门牵头,建立教育、民政齐抓共管的项目推进机制;成立"学养结合"项目领导小组和工作小组,每年组织召开"学养结合"工作推进会;将该项工作纳入老年教育的重点内容,并作为学校年度办学绩效考核的指标之一。二是老年学校与养老机构的结合。由老年学校和区域内的养老机构进行对接,实行"一对一"上门送教服务,推出"五送"的服务模式,即送教材、送师资、送讲座、送指导、送活动。老年学校根据养老机构的特点和学校自身的实际,制定合理的教学内容和方式,科学开展教育活动。

(6) 保障学养结合办学经费

采取教育局、民政局、镇区、养老机构四方筹措经费的措施。政府协调财政及税收等相关部门对养老机构给予简化放贷手续、降低企业税收、优惠水电煤气等政策扶持。不断改善办学条件,利用橱窗等展示学习成果、营造学习氛围,创造舒适的学习环境。

(7) 丰富学养结合办学形式

一是丰富课程教学。增加学养结合课程班数量,提升自理半自理老人参加课程班学习的比例。建立"线上线下学习资源配送体系",根据不同学习需求,为全县各类老年教育机构提供师资、课程、学习活动等资源配送服务;提供"线上资源配送服务",开展菜单式的资源推介与配送,提升网上学习资源的使用率和共享率。

(8) 科研引领,推进学养结合工作

在县级层面组建学养结合科研队伍,对住养老人学习需求进行调研,对养老机构的教育活动进行满意度调查,总结梳理养教结合工作经验,制定相关运行体制机制。开发培育适合住养老人学习的课程,开展课题研究,努力打造社区教育品牌。

六、研究方法

一是文献研究法。通过文献研究了解国内外有关老年人"养教联动"的分类指导的经验和现状,为本课题研究提供可资借鉴的一手资料。

二是调查研究法。通过对射阳县老年人养教现状的调查及以前在这方面工作的零星研究梳理,掌握第一手资料,为县域老年人"养教联动"的分类指导制订切实可行的方案。

三是行动研究法。通过对射阳县老年人"养教联动"的分类指导进行过程引导和监控,做到边实践,边研究,边总结,边提升,并进行有效的推广,从实践和理论层面进行突破,以达到研究的预期要求。

七、研究过程与步骤

第一阶段:准备阶段(2023.3)

(1) 成立课题研究领导小组和课题工作专班,将课题的研究工作纳入学年整体工作计划及学校教育科研工作计划,成立以学校领导班子成员为课题研究核心的领导小组。

(2) 梳理前期研究成果。将县养老中心作为实验基地,为课题研究的深入和发展,奠定坚实的基础。

(3) 制订课题研究计划和实施方案。在前期充分学习的基础上,结合市课题指南的要求,对课题进行详细的研究和论证,并撰写课题研究的具体方案,规定课题研究的时间安排和课题研究的具体任务。

(4) 课题组成员集中学习有关文件,重点是课题实施方案,提高对课题重要性和必要性的认识,明确课题研究的指导思想和目标任务,让大家对课题有正确的理解,掌握课题研究的关键词,组织课题组成员学习有关老年人"养教联动"的理论文章,提高理论认识水平。

(5) 课题组成员结合自己的研究任务,根据课题研究的需要,分别制订子课题研究实施方案。

(6) 开展形式多样的研究活动,通过不断的交流,适时调整课题的研究思路,达到对研究的切实指导,使研究更具效果。

(7) 召开开题论证会。邀请市、县专家对课题组制订的课题研究方案进行论证,在此基础上,根据专家提出的意见,修正实施方案。

第二阶段:实施阶段(2023.4—2023.12)

(1) 专题学习。课题组成员要在这一时段多参加理论学习和培训,对实验的课题有更深刻的理解,为课题研究的顺利实施提供理论保障。

(2) 组织学习外地的先进经验。通过信息技术等手段了解课题研究的最新情况,并进行学习、消化、吸收,使研究结果证据更充足,说服更有力。

(3) 推进开放大学与社区教育融合工作的开展。围绕开放大学开展社区教育工作的情况,完善县域开放大学的办学功能,进一步推进内涵建设,深化办学模式、培养模式、服务模式和评价模式改革。

第三阶段:总结阶段(2023.11—2023.12)

(1) 收集相关资料,进行分类整理。

(2) 进行总结与反思,进一步修改实施模式。

(3) 召开课题组成员会议,课题组成员对研究工作进行自我评价和整体评价,并对研究成果进行总结,撰写课题研究报告。

(4) 召开专家研讨会,撰写研究成果。

(5) 召开最终研究成果汇报会,邀请有关专家参加。

(6) 申请结题,接受上级专家验收。

八、保障条件

一是领导重视教育科研,正确把握课题研究方向。学校领导把教育科研作为大事来抓,以此来提升办学的层次和水平,努力在发展中研究开放大学开展社区教育的问题。

二是让更多教师参与,研究队伍科研实力强大。学校要求老师们发挥特长,参与研究,将学习、工作、课题研究融为一体。同时,学校科研氛围浓郁,对难度较大的子课题,可加强合作,合力攻关。

三是保证研究经费,加强对课题的管理。除了市里的经费支持外,学校将配套相应的研究经费,确保课题研究的顺利进行。同时,加强经费的规范管理,提高使用效益,保证正常的课题研究。

九、预计完成的成果形式

(1) "县域老年人'养教联动'的分类指导"结题报告。

(2) "县域老年人'养教联动'的分类指导"形成的系列资料。

(3) "县域老年人'养教联动'的分类指导"研究过程形成的画册。

十、附课题子课题

(1) 促进老年群体生命质量和生活质量的提高的研究。

(2) 老有所养的研究。

(3) 老有所医的研究。

(4) 老有所教的研究。

(5) 老有所学的研究。

(6) 老有所乐的研究。

(7) 老有所为的研究。

(8) 追求"养教联动"康乐效果的研究。

(9) "养教联动"分类指导的研究。

(10) 打造"养教联动"指导队伍的研究。

第四章

探索创新

爱心点亮夕阳红

——射阳开放大学(射阳县社区学院)志愿服务队关爱虹亚社区困难独居老人

2020年10月25日,国家开放大学启动了"乐学敬老"联合行动。射阳开放大学积极响应并付诸实施,涌现出一大批"乐学敬老"优秀活动案例,为开放大学社会教育工作作了有益的探索和尝试。

虹亚社区中高龄老人(70~95岁)、行动不便且家庭困难的老人占据了一定比例。老年人曾是社会建设的主力军,为国家的建设贡献过宝贵的青春和精力。为弘扬中华民族尊老爱老的传统美德,射阳开放大学努力为该社区困难独居老人提供更加优质、全面的服务,充分整合社会资源,为这些老人送去关爱和温暖,促进社区和谐共融。

师生们深入社区,了解老年人口的概况及社区困难独居老人的具体情况,收集困难独居老人的需求。根据具体需求,对参与的志愿者进行培训与分组,分成3~5人一组的若干小分队,为老人提供多元化的服务。同时,与街道社会事务科联系,确定具体的探访家庭,协助与服务对象做好前期沟通与时间上的协调工作。

志愿小分队在社区社会事务科工作人员的引导下,进入对接的服务对象家中,开展贴心温暖服务。

赠送"爱心大礼包",志愿者购买生活必需品、营养品等慰问品,分别赠送给对应的独居老人,给予困难的独居老人一定的物质帮助;温暖陪伴,志愿者进入老人家中,陪老人聊天,帮助老人打扫卫生,进行日常生活照料,协助检查家庭安全隐患等;交流情感,通过与老人的亲切交谈,了解老人的生活状况,同时,对老人表示充分的尊重,帮助老人重拾生活的信心。通过沟通与完成家务等工作,消除老人的孤独感。在探访的过程中,师生们与老人逐步建立了对应服务关系,建立服务档案,进行长期服务。

走出家门,走进社区。在天气较好的节假日,志愿者们还搀扶或用轮椅推着行动不便的老人走出家门,走进居住的社区,看看社区的风景,帮助服务对象重新融入社区大家庭。

通过近年来定期定向的探访和多元化的服务,志愿者与服务对象建立了较好的专业关系。志愿者与服务对象进行交谈,帮助他们找到了人生的闪光点,重拾起生活的信心。同时,策划多样化的社区活动,鼓励有能力的服务对象参与,增强服务对象的社区归属感。

射阳开放大学(射阳县社区学院)以需求为导向开展服务活动,充分调查独居老人的现状,以困难独居老人为主要服务对象,评估独居老人的具体需求,同时,整合企业志愿者队伍作为直接服务提供者。

射阳开放大学(射阳县社区学院)志愿服务队秉承专业助人的理念,经常对参与的志愿者进行服务技巧的培训,提升针对老年人的服务水平和技能。对特殊情况的个案进行重点跟进,在活动进行中与活动结束后进行评估,确保活动按照既定目标进行;同时评估志愿者的服务成效,总结经验,以便提供更适合服务对象的服务。

射阳开放大学开展的关爱困难独居老人的活动,以"慰问、探访、日常照料、家务打扫、聊天"等实实在在的志愿服务,搭建与老人互动的平台,促进对老人内心世界和现实需要的了解,也让老人们感受到社会的关爱和温暖,帮助老人重新融入社会。

在入户探访、开展活动等过程中,志愿者的行动受到社区居民的欢迎,促进了社区内居民对有需要人士的关注,促进了社区关爱氛围的形成,为开放教育打造和谐社区走出了一条新路。

春风化雨桃李香

——射阳开放大学校友代表座谈会侧记

最美人间四月天,不负梦想不负春。在这暖风和煦、丽日融融的春日,射阳开放大学召开了校友代表座谈会。2021年4月18日上午,射阳开放大学布置一新,喜气盈盈。会议室内,校友们济济一堂,追寻母校记忆,共叙同窗情谊。江苏开放大学国开分部教学管理中心主任陆伟新、副主任貌学良、吕赟,教务办主任赵辉、盐城开放大学校长杨军等出席座谈会,十多名校友代表从县内外赶来参加座谈。副校长陈学林主持会议。

座谈会上,校友们争相发言,他们兴奋地表达了回到母校的激动心情,用真挚的感情抒发对母校的感恩,用切身的体验畅叙母校日新月异的发展变化。

一、共话发展 一路走来筚路蓝缕

射阳开放大学创始人之一、首任校长何寿高参加了座谈会,88岁高龄的老校长满怀深情,回忆了艰苦奋斗、筚路蓝缕的办校历程。

射阳开放大学的前身是射阳县广播电视大学,创建于1980年,由射阳县委、县政府主办,中央广播电视大学统一管理,是射阳县以继续教育为主体的高等学校。办学初期,何寿高等老一辈教育工作者风餐露宿,饱尝艰辛,骑着自行车走南闯北,进乡串村,为完善手续、招录学生奔跑。初始,全校仅有一台电视机、一台收录机,借用教室,租用校舍,但参与建校人员兢兢业业,毫无怨言,白手起家,创办学校。

2000年,射阳县广播电视大学与射阳县教师进修学校合并办学,实行"两块牌子,一套班子"的管理模式。两校合并后,坚持将开放教育试点工作作为重点来抓,全面推进中职、高职、成人函授教育、开放教育。2004年,射阳县广播电视大学又与射阳职高联合办学,资源共享,协同管理,致力打造职教集团化办学品牌。2013年12月28日,射阳县广播电视大学更名为射阳开放大学,并正式揭牌。建设开放大学,更有利于建成全民学习的共享平台和终身教育的支持载体。

翻开射阳开放大学的历史画册,已经走过了40多年不平凡的历程。当年边搬迁、边办学、边发展的艰苦历程依然历历在目,射阳开放大学用充满改革创新和艰苦奋斗的激情,迈开了传统教育向全新教育模式转变的奋进步伐。用学员的话说,这就是发扬了延安抗大精神和西南联大精神。40多年来,射阳开放大学突破传统教学的时空限制,融合日益创新的现代信息技术,从开始的广播电视的运用,到互联网云技术的充分融合,再到智慧学习体系与教学的紧密结合,以智慧的学习手段、灵活的学习形式、多样的办学层次、丰富的教学资源,走出了一条与普通高校截然不同的发展之路。

40多年来,射阳开放大学致力于服务地方经济发展,建立了多途径、多层次、多样化的办学体系,克服了高等教育资源不足的困难,促进了高等教育的发展,圆了莘莘学子的大学梦,改变了许多人的命运。40多年培养的3万多名毕业生,遍布全县各行各业,成为地方经济社会建设的骨干,为射阳经济和社会发展作出了突出的贡献。

二、追忆求学　激情成就精彩人生

座谈会上,校友们对学校和老师的培养教育表示了由衷的感谢,对学校改革发展取得的成绩倍感骄傲和自豪,对学校教育教学环境的巨大变化感到兴奋和欣慰。他们交流分享了自己的电大故事、工作体会、人生感悟。射阳电大1984级党政干部班学员、现任中央纪委监委派驻中央统战部纪检组副组长李沛,专门从北京发来一封充满激情的短信,寄托了对母校的深情厚谊,和校友们分享了在母校走过的不平凡的历程,并向母校致以诚挚的祝福。

射阳电大1984级党政干部班学员、原射阳县政协主席王勇情真意切的发言,代表了广大学员的心声。他说:"今天来到母校,有一种特别的亲切感。当时的电大为我们提供了深造的平台,圆了学习的梦想。电大改写了一批人的人生,也成就了我的人生。电大学习非常磨炼人的意志,使我们受益终身。"40多年来,射阳开放大学以人才培养为核心,风雨兼程,不忘初心,始终适应国家和社会的需要,为国家培养了大量用得上、靠得住的优秀人才。3万多名校友是射阳开放大学的巨大财富,他们取得的成就是对射阳开放大学办学质量的最好证明和充分肯定。

王勇深有感触地说,电大是座大熔炉,培养人才,锤炼人才,射阳有一大批科级以上干部都毕业于射阳广播电视大学,他们在各自的岗位上政治成熟、业务精湛、工作能力强,成为射阳各行业的中坚骨干和领导力量。

1985级党政班学员、现盐城市文联副主席唐小荣专程从盐城赶来参加座谈会,回忆起电大的学习和生活,他侃侃而谈,如数家珍。他说:"我们是电大的受益者,无论在什么场合,我都会自豪地向客人介绍,我是射阳电大的毕业生。电大学习紧张活泼,文化生活丰富多彩。这是我难以忘怀的地方,有着难以割舍的情结,没有电大的学习经历,就没有我的今天。"

学员代表刘向东、李洋、朱楚东、彭绍国、孙俊、李灿、韩蔚蔚、戴昶春也先后发言。他们深情地回忆了在母校求学的往事,细数母校的点滴变化,感恩母校的培养。他们表示,电大优良的校风和学风一直是指引他们成长的"引路标",引导他们形成积极正确的世界观、人生观、价值观。校友们还结合毕业后在各领域学习工作的经历和体会,围绕学校人才培养、学科建设、产学研合作、校园文化建设、校友工作等方面为学校发展提出了建设性意见。

三、锚定目标　再启征程砥砺前行

座谈会上,江苏开放大学国开分部教学管理中心主任陆伟新发表了热情洋溢的讲话。他向射阳开放大学校友代表座谈会的召开表示热烈祝贺,向出席会议的师生代表们致以亲切慰问,并介绍了江苏开放大学的办学情况和未来五年办学规划。

开放大学这些年来的发展变化,诠释了射阳开放大学作为一所没有围墙的新型大学的基本内涵。今天的开放大学,无论是从办学模式、办学手段还是教学内容上,都发生了深刻的变化:不再以学历补偿教育为主,而是面向全社会人文素质的提升;不再仅仅依靠广播电视,而是依靠互联网多终端,实现时时处处人人皆可学习;进一步改革创新,更加强调利用社会资源整合社会力量,集聚最优质的资源来办学。

杰出校友是射阳开大的骄傲,是为射阳开大办学40多年优秀品牌建设作出最大贡献的人,校友们风雨兼程坚守初心,为开大建设奉献智慧,为社会发展贡献力量。学校的发展需要校友的关心。射阳开放大学始终坚持把立德树人作为根本任务,不断提高教学质量,提高学生在社会的竞争力。校友们的交流,有助于学校进一步了解社会对教学的需求,推动学校更好更快地发展。学校已着手建立联络校友的长效机制,加强校友大数据交流合作平台建设,更好地服务校友。

站在新的历史起点,面对新使命、新目标、新征程,射阳开放大学将按照习近平新时代中国特色社会主义思想和对教育工作提出的要求,围绕创新、协调、绿色、开放、共享新发展理念,以人才培养为目标,立德树人,特色办学,将教育技术与教学模式深度融合,探索具有中国特色、体现时代特征的开放大学办学模式。以更宽的视野、更广的领域、更优质的资源、更便捷的手段,满足市民高品质、多样化、个性化的终身学习需求,在学习型社会建设及人才培养上发挥更大的作用,建成立足本地域、辐射广泛的,面向全民、全域、智慧化的射阳开放大学。

春风化雨,润物无声,射阳开放大学培育的桃李,将遍布天下,绽放出更加鲜艳夺目的芳华。

丰富精神食粮　打造校园文化
——射阳开放大学以文化人做好思想政治工作

"一条大河波浪宽,风吹稻花香两岸,我家就在岸上住,听惯了艄公的号子,看惯了船上的白帆……"2021年5月4日下午,射阳开放大学"学党史、强信念、重传承、跟党走,庆祝五四青年节师生文艺汇演"在学术报告厅举行。当全体教职员工集体登台,放声高歌《我的祖国》时,台下掌声雷动,把文艺演出推上了高潮。整场汇演,高潮迭起,展示了开放大学师生蓬勃的精神面貌和靓丽的时代风采。全县各镇区初级中学和驻城相关单位负责人应邀观看了文艺汇演。

近年来,射阳开放大学经常组织开展文艺活动,让文艺成为对学生进行思想政治教育的重要抓手,弘扬正能量,唱响主旋律,打造校园文化,塑造品牌形象。

一、师生同台　文艺演出精彩纷呈

老师和学生同台演出,是射阳开放大学坚守多年的传统。尤其是近年来,每逢重要节日和重大活动,学校师生们都会奉献一台精彩的文艺演出。薪火相传,师生同台,已成为射阳开放大学思想政治教育融合艺术实践的品牌,凝练了射阳开放大学的精神气质。

2019年12月28日,学校举办了"2020年庆元旦、迎新年师生文艺汇演",近20个节目精彩亮相,舞蹈、合唱、戏剧、曲艺、器乐等,你方唱罢我登场,营造了积极向上、感恩励志的浓厚氛围。已经毕业并成功实现就业的校友代表崔兰兰、吕青等回到学校,满怀深情地创作并演出了诗朗诵《感恩母校》,道出了历届毕业生们的心声,为演出增添了绚丽的色彩。省教育厅、省成人教育协会和市县有关领导观看了演出,并给予极高的评价。

2020年1月15日,学校举办了"2020年新春社校联欢茶话会",驻射部队官兵代表、社区群众和学校师生欢聚一堂。茶话会上师生们演出了精心编排的文艺节目,得到了观众的一致好评。官兵代表和社区群众代表也即兴登台献艺,为茶话会添上浓墨重彩的一笔。

2020年8月22日,学校举办了暑期家校合作联谊会,师生同台表演了20多个文艺节目,这既是师生们才艺的集中展示,又是新生和毕业生向家长、向社会交出的亮眼成绩单。演出由始至终洋溢着热烈祥和、青春澎湃的激情。

2020年12月30日,学校举办了"庆元旦、迎新年文艺汇演",100多名教师和学生参加了演出,还邀请社会文艺团体进行展演。演出进行了现场直播,引起了社会的热烈反响,展现了校园艺术教育的魅力,促进了学生审美素质和专业技能的提高。

2021年1月28日,学校举办了"2021年新春茶话会",并特邀县教师发展中心全体人员参加。茶话会举行了精彩的文艺演出,师生们自编自导自演的节目赢得会场阵阵热烈的掌声。新年伊始,射阳开放大学把成绩归零,重整行装再出发,一着不让抓当前,一鼓作气打基础,一马当先争前列,争当全省县级开放大学排头兵!

　　............

射阳开放大学师生同台演出,接二连三,精彩连连,将"学高为师,身正为范"的教学理念由幕后耕耘展现于台前,一届又一届开放大学的师生们将这一品牌和精神内涵一代代传承下来。

二、寓教于乐　思政文艺融会贯通

习近平总书记在学校思想政治理论课教师座谈会上的重要讲话中指出:"基础科学政治理论课是落实立德树人根本任务的关键课程。"射阳开放大学在发挥文化艺术的思想教育政治功能上进行了有效探索。学校将文化艺术融入思想政治课堂,文化艺术与思想政治工作有机融合,让思想政治工作变得有"知"有味,潜移默化,润物无声。

骨干舞蹈教师陈琪在2018幼师班"傣族舞手形与动律"的教学中,将艺术教学与思政教学紧密融合,在教导学生掌握傣族舞的基本风格、特点的同时,指导学生通过民族舞的学习,培养学生民族自豪感。优秀班主任孙浩桢在2019幼师班"中国古典舞"的教学中,引导学生了解古典舞蹈的基本常识和风格特征,并将中国传统文化融入其中,既激发了学生的学习兴趣,提高了学习效率,强化了舞蹈表现力,又通过舞蹈的学习,感受了传统文化,陶冶了情操,用舞蹈的语言表达出对美好生活的向往和追求,使文化艺术教学与思想政治教育融会贯通,相得益彰。

教师们以充满生命情怀的文艺实践,成为莘莘学子精神世界的文化使者,他们在课堂上以身示范,厚植职业情怀,强化使命担当,以自信点燃信仰,引导学生当好新时代的奋进者,推动了"课程"与"思政"如鸟之两翼、车之双轮协调前行,为"立德树人、培根铸魂"作出鲜活而深刻的诠释。他们实现了文化艺术与思想政治同频共振,同向而行,构筑了以文化人、以美育人的新高地。

三、学以致用　以梦为马不负韶华

射阳开放大学十分注重校园文化的培育和养成,秉承创新、开放、融合、共享的办学理念,展示学校艺术教育的魅力,促进学生审美素质和专业技能的不断提升。

精心策划,全员行动。学校精心做好每次文艺活动的策划组织工作,并针对整个活动的各个环节制定出具有可行性、可操作性的计划方案。在学校校长室统一组织下,各班班委会付诸实施,保证活动的顺利开展,全体师生积极参与,形成了全校一盘棋的良好局面。自编自导,提高质量。所有参加文艺演出的节目,按照学校筹备小组统一布置,全部自编自演,师生明确分工,由学生会统筹安排,任课教师全程辅导,各班学生踊跃参加。文艺演出活动,丰富了文化生活,凝聚了师生合力,提升了业务水平。认真演出,积极投入。近年来,学校将文艺演出列入课程教学范畴,并将文艺演出作为班级文明创建的重要条件,以激发师生参与的热情。学校还投入专项资金,购置服装道具,保证了演出效果。每次文艺演出结束后,学校、班级层面都要进行总结,提炼特色,放大亮点,表彰先进。文艺演出,不仅体现了开放教育的集体智慧,而且凝聚了团队精神,也展示了开放大学师生的精神风貌和素质教育成果,迸发了广大师生热爱学习、热爱生活、热爱开大、热爱祖国的激情与豪情,有效推进了校园文化建设。

以梦为马,不负韶华。演出舞台上的激烈角逐,激发了同学们对知识的渴望,开拓了同学们的视野,增强了同学们的实践能力。大家兴奋地表达了感想——山再高,往上攀,总能登顶;路再长,走下去,定能到达。

坚持"五个结合"培养选拔优秀中层干部

习近平总书记强调,要做好新时代年轻干部工作,大力发现培养选拔优秀年轻干部,"建设一支忠实贯彻新时代中国特色社会主义思想、符合新时期好干部标准、忠诚干净担当、数量充足、充满活力的高素质专业化年轻干部队伍"。这是党和国家事业发展的百年大计。高校承担着为人民服务、为中国共产党治国理政服务、为巩固和发展中国特色社会主义制度服务、为改革开放和社会主义现代化建设服务的时代使命,是培育优秀年轻干部的重要渠道。要培养高层次管理人才和干部队伍,高校教师首先要成为干部灵魂的工程师。射阳开放大学把选拔好、培养好、使用好学校中层干部作为义不容辞的政治责任,淬炼了一支适应新时期开放教育的优秀干部队伍。2021年5月10日,射阳开放大学党总支经过民主测评、组织推荐、上级党委批准、任职公示等程序,有6名优秀教学骨干被提拔为学校中层副职干部,有3名中层副职干部走上了正职岗位。

近年来,射阳开放大学党总支大力实施青年骨干教师培养行动计划,坚持"五个结合",突出抓好中层干部的发现储备、跟踪培养、选拔使用、管理监督等工作,为学校"十四五"期间高质量发展夯实了基础、提供了动力。

坚持"中青结合",梯次配备干部队伍。射阳开放大学党总支正确把握干部成长规律,注重实绩,注重实干,一层一层考验、递进式培养使用,打破隐性台阶、破除论资排辈,对经过实践考验、各方面条件比较成熟的优秀教师,大胆地给位子、压担子,不唯年龄论,不唯资格论,实绩论英雄,做到谁能干谁干、谁能上谁上。共产党员、老教师徐昶,参加教育工作近30年,勤勤恳恳,兢兢业业,不计名利,虽年逾半百,但工作热情不减,精力充沛旺盛,有着丰富的教育教学经验。他任职学校语文教研组长,并兼任本科班中文论文指导教师,平时辅导循循善诱,深入浅出,很受学生们的欢迎。每到毕业论文答辩季,他总是夜以继日,忘我工作,几十个学生一个个单独当面辅导,提出论文撰写修改意见,并亲自捉笔润色加工,如此三番五次,直到满意为止。他所任的班级学士论文答辩通过率达到85%以上。师生们都敬佩地称他为射阳开放大学的"老黄牛"。学校党总支根据徐昶同志的现实表现和工作业绩,不囿于年龄限制,破格提拔其为校长办公室副主任。

坚持"学干结合",全面提升干部素质。射阳开放大学党总支注重优化年轻干部成长路径,实施精准化的培养举措,有针对性地加强理论武装和实践锻炼。强化思想淬炼,每年有针对性地安排年轻干部到市、县党校和上级业务主管部门,接受系统理论教育和严格党性教育,并积极吸收优秀教师加入党组织;强化政治历练,组织开展"学理论强素质、学党规强堡垒""学党史、强信念、重传承、跟党走"等活动,引导年轻干部传承红色基因,坚定理想信念;强化专业训练,组织实施专业能力提升计划,采取"请进来,走出去"的办法,提升教师的业务水平,为青年教师压担子,强责任;强化艰苦磨炼,把年轻教师推向教学一线,指派其农村指导、社会招生等艰苦工作,促使年轻教师经风雨、见世面、壮筋骨、长才干,使他们成为学生的导师和表率。青年教师陈琪,在大学时代就加入了党组织,2012年9月到射阳开放大学任教后,工作积极,刻苦耐劳,困难面前从不言退。2021年5月份在筹备学校组织的五四文艺汇演活动时,因过度劳累而摔倒,造成左腿骨折。但她仍拄着拐杖,现场指导班级学生排练。学生们都深受鼓舞,出色完成了演出任务,受到嘉宾和观众的一致好评。学校党总支根据陈琪的综合工作表现,提拔其担任社教科副科长。

坚持"严爱结合",激发中层干部活力。射阳开放大学党总支坚持把从严管理、关心关爱贯穿中层干部培养选拔的全过程,做到在"管"中"育",在"用"中"管"。平时严格教育管理,季度测评打分,学期综合考核,并采取谈心谈话、实地查看、课堂检验等方式,深入掌握中层干部特别是年轻干部的思想、工作、生活等情况,及时校准偏差、帮助他们全面健康成长。财务科副科长、工会主席张杰,管理财务一丝不苟,支出精打细算,对学校账目往来从严把关,保证学校经费向教学一线倾斜,为学校的高质量发展作出了积极的贡献。他负责财务工作8个多年头,从未出现乱支滥用现象,是师生们公认的射阳开放大学"好管家"。在中层干部任职调整中,张杰被任命为财务科科长。在集体谈话时,张杰同志表示,绝不辜负学校党总支的期望,在保证自己清清白白、干干净净的同时,保证学校财务清清爽爽、明明白白,切实经受审计部门的严查细审。

坚持"快慢结合",创造干部成长空间。射阳开放大学党总支注重辩证把握年轻干部使用快慢关系,既防止欲速则不达,又避免论资排辈耽误干部,培养选拔年轻干部做到快慢得当,因人而异、因岗而异。尊重干部成长规律,一方面,对于条件成熟的优秀年轻干部,用当其时,使年轻干部在"黄金期"发挥作用；另一方面，对于有潜力的后备年轻干部，从长计议，多"墩墩苗"，使年轻干部在"成长期"更加茁壮。同时在分配年轻干部工作上做到扬长避短、人岗适配。让年轻干部立足本职干出业绩，达到全面进步。教师章小勇长期在教学一线，工作踏实负责，有干劲，有创新，"成长期"不骄不躁，不攀不比，任劳任怨。2020年学校召开秋学期招生工作会议，章小勇结合乡村振兴战略和自己的工作实践，提出开办"中级育婴师"中职班的建议，得到学校的赞同和县委组织部门的认可。当年招收62名学员，经过近一年的培训学习，有59人取得"中级育婴师"技能等级证书。2021年5月10日，章小勇被正式任命为开教科副科长。

　　坚持"量质结合"，发现培养年轻干部。射阳开放大学党总支着眼近期需求和长远需要，按照既有数量、又有质量的目标，在学校发现培养优秀年轻干部。通过举办大型活动、开展干部培训教育、召开年轻干部座谈会、举办实战竞赛等形式，给年轻干部提供展示才华的平台，随时发现和培养一批有工作激情、有见识见解、有担当精神的优秀年轻干部，让更多的优秀年轻教师脱颖而出，担当起各科室的引领者，为学校中层干部队伍注入新鲜"血液"。青年教师周韵出生于1995年，2017年参加工作，工作有创新、有激情，在学校组织的历次文艺演出中，她既是导演，又是演员，还担任节目主持人。她担任幼师班学前教育课程教师，在她的辛勤培养下，幼师班涌现出了一批文化艺术人才，他们走上工作岗位后，成为地方各类幼儿学校和农村基层文化宣传骨干。学校党总支对周韵进行了重点培养，明确两名老党员担任她的入党介绍人，通过培养考察，她光荣地加入了党组织。学校还推荐其担任学校团委副书记，使她有了发挥专长的平台。2023年1月，她又被县教育局党委提拔为学校团委书记。

　　射阳开放大学党总支不拘一格选拔使用优秀教师担任中层干部。坚持以事择人、人岗相适，对于实绩突出的优秀教师，适当放宽条件，多措并举，量体裁衣，激活了学校"一池春水"，打造了一支朝气蓬勃、锐气昂扬、正气浩然的中层干部队伍，为争创全省县级开放大学排头兵奠定了坚实的基础。

汲取党史力量　推动学校发展

2021年初,党史学习教育开展以来,射阳开放大学党总支认真贯彻落实中央、省、市、县委关于开展党史学习教育的部署,按照"学党史、悟思想、办实事、开新局"的总体要求,全面引导全校师生坚定理想信念,坚持以习近平新时代中国特色社会主义思想武装头脑,抢抓发展机遇,在全校范围内掀起了党史学习热潮,并充分利用各种"红色"资源,一步一个脚印推动学习教育走深走实,用实际行动迎接建党一百周年。

一、创新学习方法,营造学习氛围

1. 融合主题活动,开展学习教育

射阳开放大学确定每月20日为固定党员集中活动日,开展主题党日活动,按照"规定动作＋自选动作"模式,以党史学习教育为主题,丰富活动内容,采取讲主题党课、看红色影片等形式,引导党员群众厚植爱党爱国情怀,实现党史学习教育"活起来"。校长、副校长亲自登台,分别为发鸿社区党员干部和全校师生员工讲授专题党课,号召大家以老一辈共产党人为榜样,爱岗敬业、无私奉献,树立正确的世界观、人生观、价值观,永葆共产党员的先进性。

2. 创新学习形式,探索学习路径

2021年4月25日,学校党总支组织全体教职工身着统一新四军军服,前往句容市茅山镇,在茅山新四军纪念馆前集体朗诵《新四军军歌》,并观看红色电影《特殊的家规》,瞻仰苏南抗战胜利纪念碑,缅怀老一辈革命先烈,体验老一辈革命家的家国情怀,激励教职工在教育教学工作中加强党性修养,坚定理想信念。学校还组织部分教职工赴阜宁停翅港新四军军部旧址和芦蒲华中局第一次会议旧址参观学习。

学校还邀请了开放大学首任校长、88岁高龄的何寿高,为全体师生开设专题讲座,讲授学校的发展历程、回顾学校的办学历史、重温延安抗大精神。

号召全体师生勇担时代责任,肩负时代使命,传承老一辈电大人的奉献精神,续写学校发展新的辉煌。

3. 开展志愿服务,实现学用结合

学校党总支利用休息假日,组织党员干部分别赴县养老中心、虹亚社区、发鸿社区等地,义务为老年人开展智能手机使用培训活动,切实解决老年人运用智能手机的技术困难,帮助老年人跨越"数字鸿沟",打破老年人与智能时代之间的壁垒。把党史学习教育落实到解决群众实际问题上,进一步推动党史学习教育往深里走、往心里走、往实里走。

二、保障扎实有力,推动有序发展

1. 加强思政基地建设,筑牢理想信念根基

射阳开放大学积极贯彻落实江苏开放大学党委关于"共建共享红色资源"的通知精神,让党员群众领略历史的温度、精神的力量。学校分别与中共华中工委纪念馆和合德镇发鸿社区签署《思想政治教育共建基地协议》,挂牌"射阳开放大学思想政治教育基地",引导全体党员干部弘扬革命先烈不怕困难、不怕牺牲的拼搏精神,充分发挥好红色资源和先进典型的教育熏陶、鼓舞激励和导向凝聚作用。

2. 强化师生队伍建设,促进教师内涵发展

学校党总支为教师的专业发展搭建平台,采取"请进来、走出去"的方法,名师引领、校际互动,促进专业水平的提高。先后组织相关教师参观了扬州市职业大学、丹阳师范学院、盐城机电高等职业技术学校、盐城经贸高等职业学校等专业院校,邀请省学科带头人王艳蓉、国家普通话测试员吴苏阳教授等为全校教师开展专题讲座。组织开展学生干部能力提升培训、户外拓展训练和各级各类比赛活动,先后在团县委微团课大赛和县文化艺术节中获奖。

此外,为丰富女职工的业余文化生活,加强同事之间的沟通与交流,成功举办了首届女职工趣味运动会和三八节拓展训练活动。建立骨干教师培养制度,有目的、有计划、有意识地让骨干教师在教育教学工作中得到优先发展。通过组织考察,2021年5月份先后有9名同志被选拔任用到重要岗位。

3. 强化教学设施建设,打造优质教学环境

根据学党史办实事的要求,学校不断加大投入力度,改善办学条件,先后为教室、学生宿舍、远程教学楼等场所添置了80多台空调,9套教学一体机等必备设备,对办公楼、远程教学楼、宿舍楼、学生餐厅等进行了系统维修,满足

了教育、教学和培训工作的需求,有效地优化了教育教学环境。

学校还投入20多万元改建了学校的心理咨询室,加强了学校师生的心理健康教育,为社区居民开展免费心理咨询服务,为维护社区的和谐稳定工作作出了积极的贡献。

三、注重地方特色,提升学习实效

1. 推动亲子共学活动,营造全民学习氛围

学校持续推进党史学习教育深入开展,与东台开放大学、阜宁开放大学联合举办"讲好亲子共学故事、促进子女茁壮成长"活动。通过父母学习习惯的培养及综合素质的提高,提升家庭教育中言传身教的影响,实现在家庭中共学共读共成长,形成"教师引领学员,学员影响家庭,家庭推动社会"的良好学习氛围。这次活动共有22个学员家庭获得奖励,取得了较好的社会效果,有力助推党史学习教育走深走实。

2. 立足乡村振兴战略,积极培养地方人才

学校为服务区域经济发展,将党史学习教育和开放教育学习支持服务深度融合,创新招生模式,主动与县委组织部对接,推动出台了《关于实施村(社区)干部学历提升计划的通知》政策。全县238个村(社区)在职在岗干部均积极报名参加学历提升。

为进一步激励全体村(社区)干部树立学习信心,提高学习积极性,有效解决工学矛盾,学校积极创新学习方式,制定了《关于促进村(社区)干部学历提升的十条激励措施》,不定期开展送教下乡活动,指导学员制定符合自身实际的学习目标和学习计划,不定期召开优秀学员代表座谈会,激励学员树立终身学习的理念,全面提升综合素质。

学校培养地方基层干部的系列工作得到了省校的充分肯定,并专门发文向全省办学体系推广。2021年4月29日上午,射阳开放大学副校长杨贵凤应邀到省校就乡村振兴工作作专门的经验介绍。

2021年6月8日,江苏开放大学纪委书记顾新华率队到射阳调研,认真听取了学校乡村振兴人才培养的情况介绍和具体做法,对射阳开放大学服务乡村振兴工作取得的效果给予充分肯定。

3. 精准定位校友工作,有效助力学校发展

创新党史学习教育方法,以校史工作促进党史学习教育再上新台阶。扎实做好校友工作,凝聚校友力量,共享校友工作经验,助推学校发展。2021年

4月18日,学校举办了知名校友工作座谈会,邀请近20名各行各业的校友代表来校共叙同窗情谊、共谋未来发展。5月4日,学校又邀请部分校友代表参加"学党史、强信念、重传承、跟党走"师生文艺汇演活动。学校还分别在盐城和南京挂牌成立"射阳开放大学驻宁校友工作联络处"和"射阳开放大学驻盐校友工作联络处",为学校发展积聚力量。

4. 合理利用活动载体,确保取得扎实成效

通过唱红歌方式,将党史学习教育融入学校日常活动中。学校在各种不同的场合组织全体教职工同唱《我的祖国》等红色经典歌曲,以史串歌,借歌叙史,在歌声中感悟初心,成功举办了一场场精彩纷呈的艺术党课。积极参加省社区朗诵、摄影、书画比赛,推送作品达百件。学校还通过举办"崇尚孝道、学会感恩、提升素养"主题班会比赛活动,推动家校合作深入开展,提升学校德育工作整体水平。

5. 立足校情实际,增强科研兴校意识

为服务区域经济发展,发挥地方高校职能,调动全体教师开展教学研究和社会调查研究积极性,着力促进教师专业发展,逐步形成自我发展、自我提高、自我创新的内在机制,学校制定了《关于加强教研和调研工作的意见》,有效地调动了全校教师教科研的积极性。

近三年来,全校有4个课题获县智库立项并结题;《基层开放大学承担社区教育领军责任策略研究》获江苏省社会教育指导中心立项资助,《农村社区教育的现状及瓶颈》获江苏省社会教育指导中心立项;《基层开放大学提升社区服务供给质量的路径研究》获盐城市社科联立项;《基层开放大学助力乡村振兴的路径研究》完成课题申报。学校的教科研队伍不断壮大。

射阳开放大学以学党史、悟思想活动为契机,持续推进全校师生党史学习教育,引导师生坚定不移听党话、感党恩、跟党走,践行初心使命,确保红色基因代代相传,以更饱满的热情走好新时代奋斗路。

"管控""开大"书声琅

"一场突如其来的疫情,让我们快乐有序的生活按下了'暂停键'。学校拉起了黄色安全线,我们住校生被封闭在了学校里。同时留下来陪伴我们的还有校长、老师、后勤部门的叔叔阿姨,他们义无反顾地扛起了责任和担当,守护我们的平安健康……"4月23日下午,在射阳开放大学举办的"让爱充满人间"的主题演讲比赛上,21级(1)班学生杨悦动情地说。

4月23日是第27个世界读书日,射阳开放大学受疫情影响不能回家的97名住校生,戴着口罩,保持安全距离,整齐有序地分布在学校偌大的学术报告厅,分享读书带来的愉悦。同学们纷纷登台,激情饱满、声情并茂,联系亲身经历,畅谈"管控"期间读书感受。

今年4月初,新冠肺炎肆虐,我县采取果断措施,按下了小城"暂停键"。射阳开放大学坚决执行上级"走读生不入校、住校生不出校、实习生不返校"的要求,对近百名住校生实行了封闭管理。老师们编成值周组24小时值班,校长、副校长带头吃住在学校,封闭不解除不回家。

为了缓解学生的紧张压抑情绪,开放大学组织开展了丰富多彩的读书活动。在确保安全要求的情况下,组织诗词鉴赏,引导学生流连在古诗词的意境里,徜徉在浓郁的书香中;开展美文朗读,琅琅书声响彻校园,陶冶学生情操;举办歌曲演唱,悠扬旋律回荡,抒发师生情怀;观看经典电影,鼓励学生写观后感,交流观影体会。与此同时,学校还开展形式多样的文体活动,丰富文化生活,缓释学生情绪,一些传统游戏激发了学生参与的浓厚兴趣,扔沙包、丢手绢、跳方格……活动轻松愉悦,引来欢声笑语。食堂师傅们还将和好的面粉、配制好的馅料,分发到各班级,学生们自己动手,包饺子、搓汤圆,体验劳动乐趣,享受生活甘甜。防疫封闭期间,射阳开放大学将住校生们的学习、生活、健身、娱乐等活动安排得张弛有度、井井有条。学生们在和家长视频通话中,不少家长高兴地说:"疫情封闭在校期间,孩子们更加活泼、开朗、健康了。孩子在学校,我们家长一百个放心!"

第27个世界读书日到来之际,学校提前组织读书活动,指导学生联系疫情防控,开展"让爱充满人间"演讲比赛,"静默"的校园中书声琅琅,充满了勃勃生机。射阳开放大学给学生提供展现风采的舞台,引导学生感受文化魅力和历史情怀,坚定战"疫"必胜的信念。

(《射阳日报》2022年4月25日)

附录

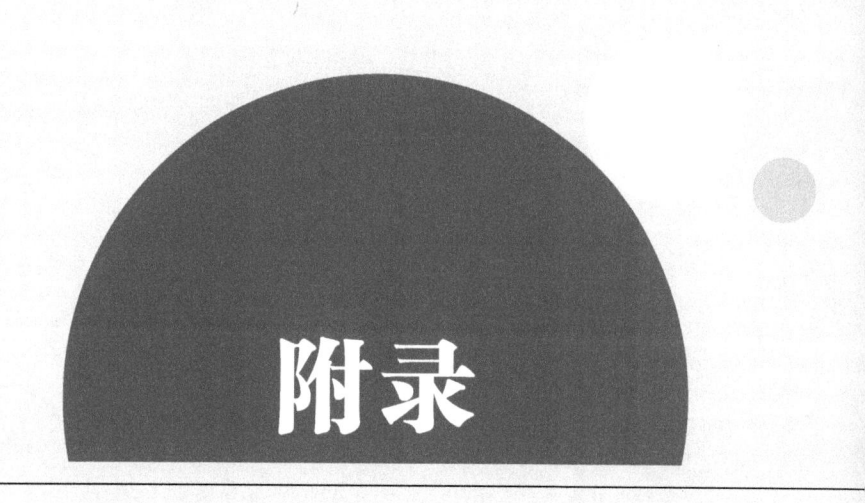

国开(射阳)2019届学员毕业典礼

主席台左起:杨贵凤、周其高、宋扣明、周立新

与会学员

获奖学员登台领奖(一)

获奖学员登台领奖(二)

获得学士学位学员(一)

获得学士学位学员(二)

毕业留影

接受记者采访

2020年春季国开(射阳班)新生开学典礼

左起:周韵、刘大伟、杨贵凤、宋扣明、周立新、王艳

网上学习辅导

齐唱国歌

国开云课堂学习辅导

2020年春季江苏开放大学(射阳班)新生开学典礼

左起:吴俭、刘妍、周立新、宋扣明、杨贵凤、刘大伟、陈琪

学员通讯录封面

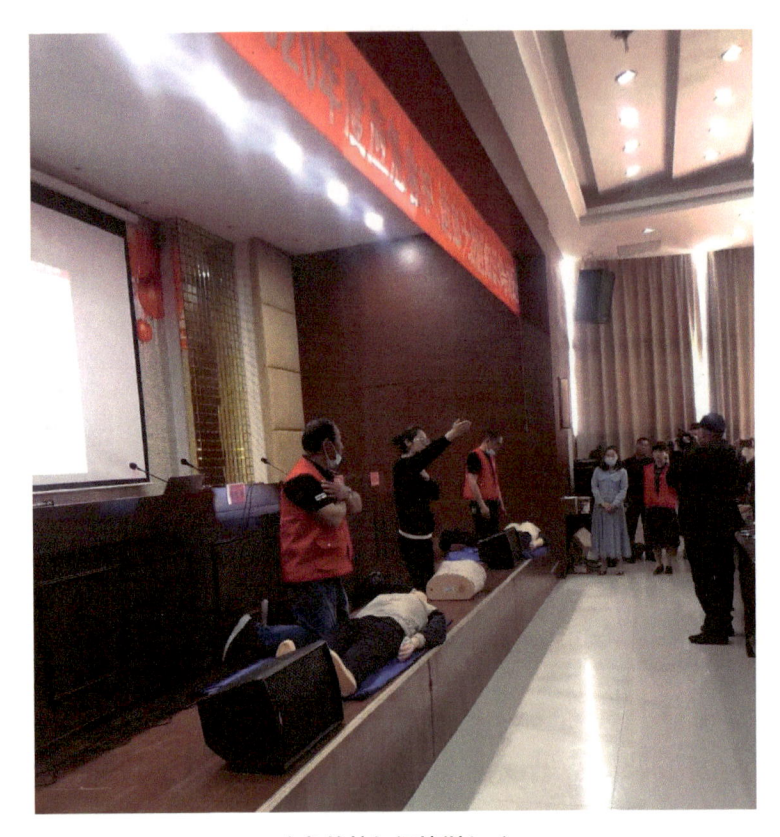

应急救护知识培训(一)

应急救护知识培训(二)

开放大学 2020 春"家校合作·共创未来"活动

家长会现场（一）

学生家长代表接受采访

县教育局党工委领导讲话

家长会现场(二)

家长会现场(三)

国开优秀学员代表座谈会

左起：陈学林、宋扣明、杨贵凤、周立新

合影留念

颁奖(一)

颁奖(二)

优秀学员代表发言(一)

优秀学员代表发言(二)

优秀学员代表发言(三)

优秀学员代表发言(四)

在东台开放大学交流学习会

左起:刘大伟、杨贵凤、宋扣明、陈学林、周立新

图为东台开放大学主要负责人介绍经验

交流学习现场会(一)

交流学习现场会(二)

学校学干、团干、班干能力提升培训班

培训班学员留影

在攀岩训练场

左起：林木、张飞、宋扣明、孙进、周海燕

拓展训练现场（一）

拓展训练现场(二)

拓展训练现场(三)

射阳开大与县教师发展中心联谊会

联谊致辞

联谊会现场（一）

联谊会现场(二)

联谊会现场(三)

联谊会现场(四)

联谊会现场(五)

联谊会现场(六)

联谊会现场(七)

祭扫射阳县革命烈士陵园仪式

祭扫讲话

祭扫现场(一)

祭扫现场(二)

2022届职教高考动员会

左起：唐惠、杨贵凤、宋扣明、孙进

动员会现场（一）

动员会现场（二）

动员会现场(三)

动员会现场(四)

学校中职学生家长会

作《让孩子过一个有意义、充实的暑假》讲话

家长会现场(一)

家长会现场(二)

家长会现场(三)

家长会现场(四)

左起:唐惠、杨贵凤、宋扣明、陈学林、周海燕

我校新生暨对口高考班军训动员大会

军训现场(一)

军训现场(二)

2022级中职新生军训闭营仪式

左起：吴加仁、胡安泉、宋扣明、杨贵凤、周海燕

闭营仪式现场（一）

闭营仪式现场(二)

闭营仪式现场(三)

2019级幼师班职教高考升学圆梦欢送会

欢送会现场（一）

欢送会现场（二）

全市社区教育现场观摩暨省级课题评审会

作欢迎辞

现场观摩

评审会现场(一)

评审会现场(二)

射阳老年开放大学揭牌仪式暨庆祝"重阳节"文艺汇演

致欢迎辞

领导揭牌

附录

文艺汇演现场（一）

文艺汇演现场（二）

市维稳督导组莅临指导工作汇报会

工作汇报

左起:周正林、郑黎明、宋扣明

江苏开放大学(射阳)新生开学典礼

动员讲话

开学典礼现场

2022级"青春心向党　喜庆二十大"感恩主题班会

主题班会现场（一）

主题班会现场（二）

射阳开放大学(射阳县社区学院)志愿服务队关爱虹亚社区困难独居老人

赴虹亚社区开展志愿服务活动

智能手机使用培训现场(一)

智能手机使用培训现场（二）

智能手机使用培训现场（三）

射阳开放大学校友代表座谈会侧记

校友代表留影

座谈会现场（一）

座谈会现场(二)

座谈会现场(三)

附录

座谈会现场(四)

座谈会现场(五)

257

射阳开放大学"以文化人"系列活动

校园文艺汇演

演讲比赛现场

附录

新春茶话会现场

"庆元旦、迎新年"文艺演出现场(一)

"庆元旦、迎新年"文艺演出现场(二)

我校与县教师发展中心联谊会现场

汲取党史力量　推动学校发展

党史学习教育实践活动(一)

党史学习教育实践活动(二)

党史学习教育实践活动(三)

党史学习教育实践活动(四)

党史学习教育实践活动(五)

党史学习教育实践活动(六)

坚持"五个结合"培养选拔优秀中层干部

开展新任中层干部和后备干部培训

左起：杨贵凤、宋扣明、陈学林

附录

培训班现场(一)

培训班现场(二)

265

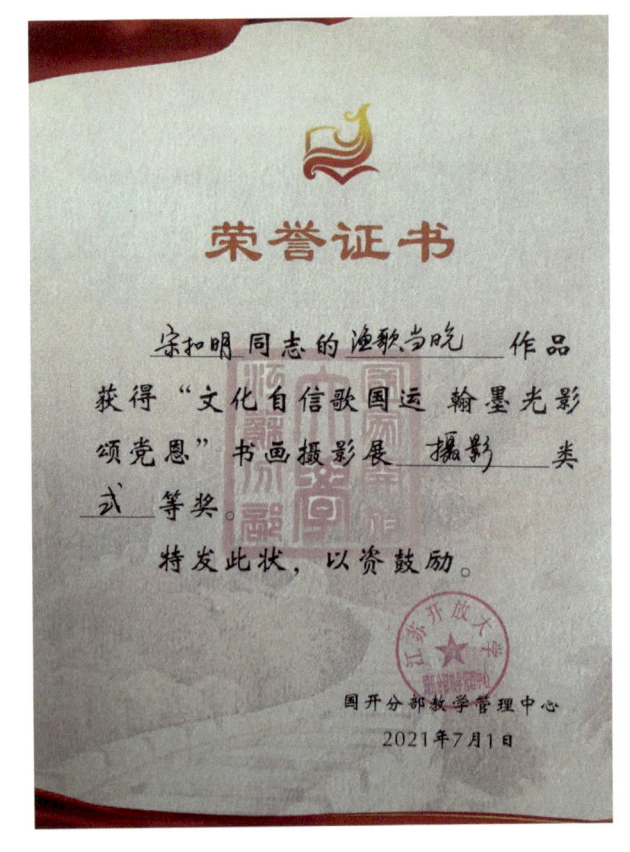

荣誉证书

荣誉证书

宋扣明 同志：

在2020年度招生工作中，成绩显著，被评为招生工作"先进个人"。

特发此证，以资鼓励。

江苏开放大学
江苏城市职业学院
二〇二一年四月

荣誉证书

宋扣明 同志的 渔歌当晚 作品获得"文化自信歌国运 翰墨光影颂党恩"书画摄影展 摄影 类 式 等奖。

特发此状，以资鼓励。

国开分部教学管理中心
2021年7月1日

荣誉证书

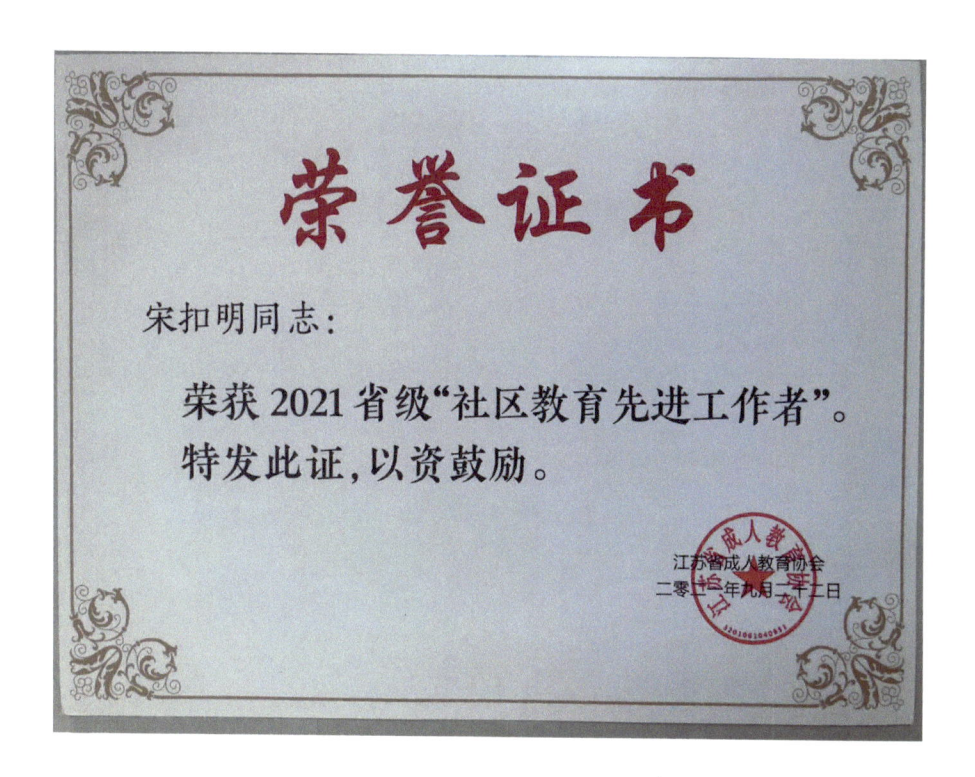

宋扣明同志：

荣获2021省级"社区教育先进工作者"。特发此证，以资鼓励。

江苏省成人教育协会
二零二一年九月二十日

荣誉证书
HONRARY CREDENTIAL

宋扣明 同志：

荣获国家开放大学优秀学生工作者荣誉称号，特发此证，以资鼓励。

国家开放大学
二〇二一年　月

获奖证书

盐教科院【2021】05630

宋扣明同志：

你撰写的题为《县级开放大学引领社区教育的现状及其对策》的论文，在2021年盐城市职业教育与社会教育优秀论文评选活动中，被评为壹等奖。

特发此证，以资鼓励。

盐城市教育科学研究院

二〇二一年十一月三十日

荣誉证书

宋扣明 老师：

在2021年射阳县"四有"好教师队伍建设网络培训中，认真学习，表现突出，被评为"优秀学员"。

特发此证，以资鼓励！

射阳县教师发展中心　　全国中小学教师继续教育网

二〇二二年二月

附录

荣誉证书

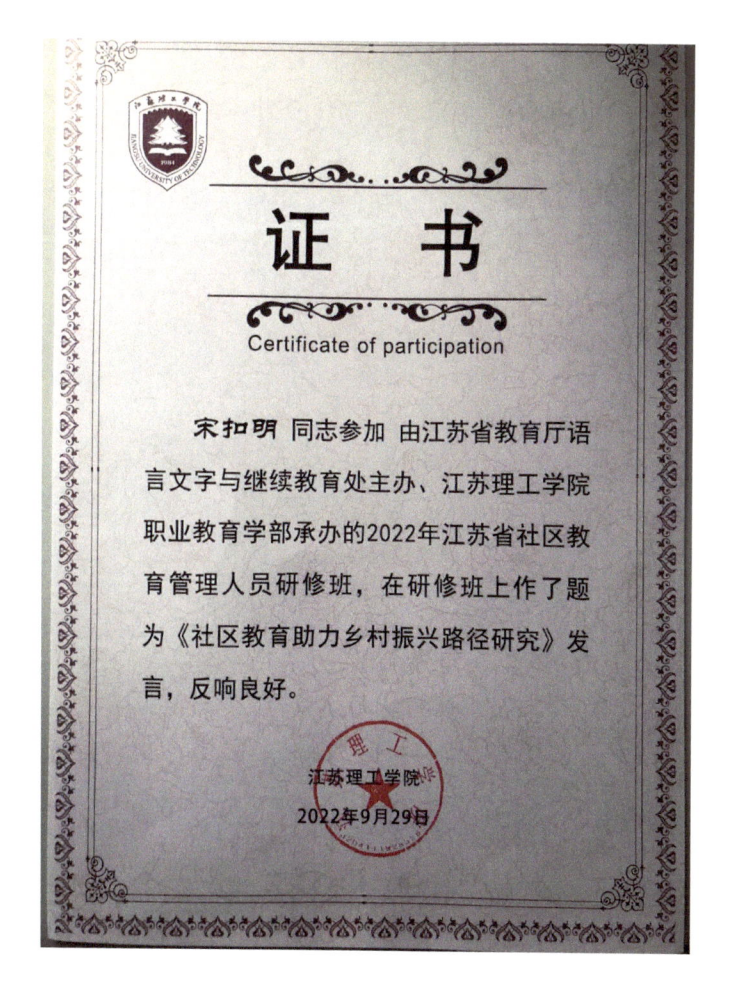

宋扣明同志：

荣获2022省级"社区教育先进工作者"。特发此证，以资鼓励。

江苏省成人教育协会
二零二二年九月十四日

证 书

Certificate of participation

宋扣明 同志参加 由江苏省教育厅语言文字与继续教育处主办、江苏理工学院职业教育学部承办的2022年江苏省社区教育管理人员研修班，在研修班上作了题为《社区教育助力乡村振兴路径研究》发言，反响良好。

江苏理工学院
2022年9月29日

杏坛育英

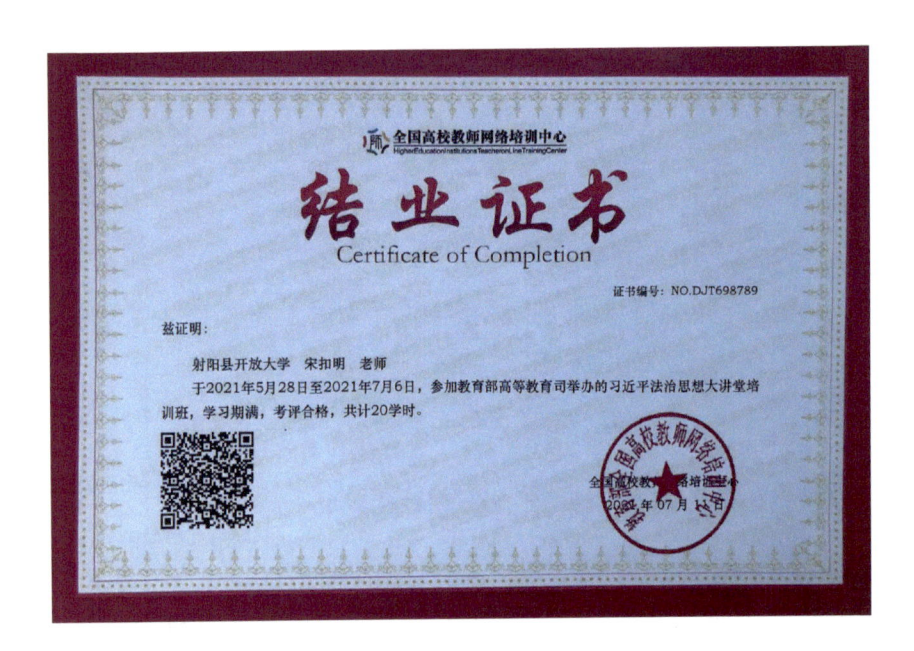

结 业 证 书
Certificate of Completion

证书编号：NO.DJT698789

兹证明：

射阳县开放大学 宋扣明 老师

于2021年5月28日至2021年7月6日，参加教育部高等教育司举办的习近平法治思想大讲堂培训班，学习期满，考评合格，共计20学时。

全国高校教师网络培训中心
2021年07月

结 业 证 书

宋扣明 老师

于二〇二一年十月二十五日至十月二十九日参加由江苏第二师范学院承办的2021年江苏省社区教育管理人员培训（第三期），共5天40学时，成绩合格。

江苏第二师范学院
2021年10月29日

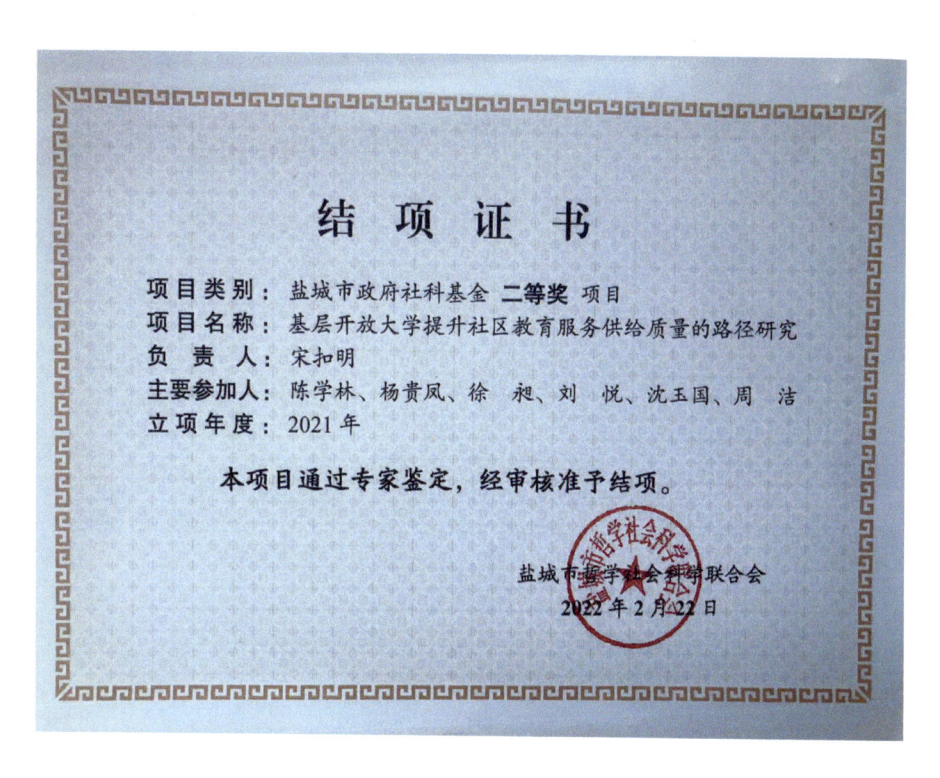

结业证书
CERTIFICATE OF COMPLETION

宋扣明于2021年10月18日至2021年11月07日，参加庞中华硬笔书法线上线下融合高级研修班（线上部分）培训项目，共54学时。

经考核，成绩合格，特发此证。

身份证号：320924196708240678

证书编号：JY1212111000104393

国家开放大学

二〇二一年十一月十二日

结项证书

项目类别：盐城市政府社科基金 **二等奖** 项目

项目名称：基层开放大学提升社区教育服务供给质量的路径研究

负责人：宋扣明

主要参加人：陈学林、杨贵凤、徐　昶、刘　悦、沈玉国、周　洁

立项年度：2021年

本项目通过专家鉴定，经审核准予结项。

盐城市哲学学会社会科学联合会

2022年2月22日

证书编号：GPV202200350141

2022年暑期教师研修结业证书

姓　　名：宋扣明

证件号码：320924196708240678

自2022年7月20日至8月31日在国家智慧教育公共服务平台参加"2022年暑期教师研修"专题培训，获得认定10学时，由地方教育部门按照各地规定，计入教师培训学时。

扫码查询

国家职业教育智慧教育平台
暑期教师研修专题工作组
（代章）

二〇二二年九月一日

结业证书

宋扣明 同志于 2022 年 9 月 23 日至 2022 年 9 月 29 日，参加 江苏理工学院 承办的 江苏省社区教育管理人员研修 省级培训，修完规定的 56 学时课程，经考核成绩 合格，准予结业，特发此证。

发证单位（印）：江苏省高等职业教育教师培训中心

培训单位（印）：江苏理工学院

证书编号：322022612053　　2022 年 9 月 29 日

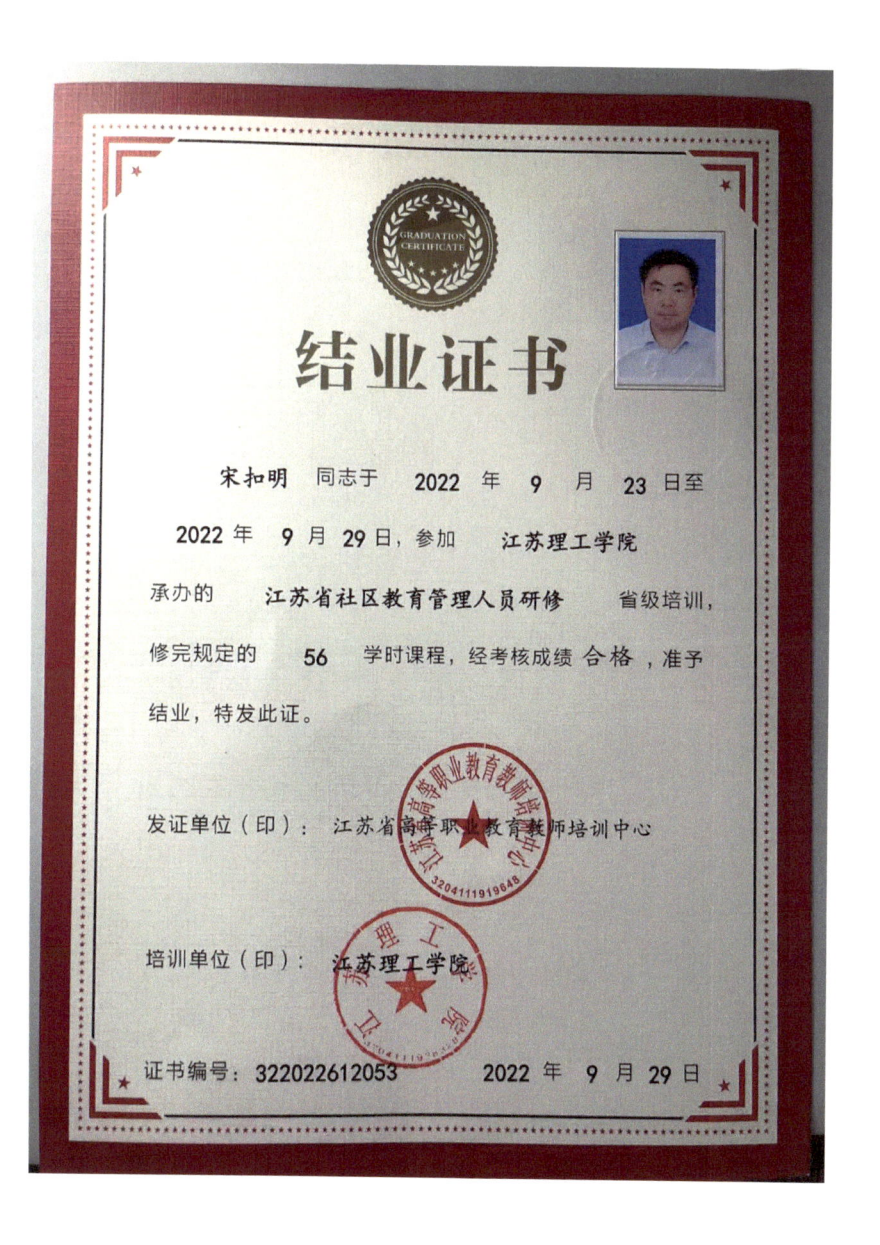

杏坛育英

荣誉证书
HONORARY CREDENTIAL

宋扣明同志：

你被评为2022年度全县"学习强国"百佳学习标兵。特发此证，以资鼓励。

中共射阳县委宣传部
二〇二三年二月

获奖证书

盐教科院【2022】07051

宋扣明同志：

你撰写的题为《潜移默化，厚积薄发——射阳开放大学党总支着力提升管理细节力的探索》的论文，在2022年盐城市职业教育与社会教育优秀论文评选活动中，被评为叁等奖。

特发此证，以资鼓励。

盐城市教育科学研究院
二〇二二年十二月十四日

证 书

盐城射阳开放大学：

你单位承担的江苏省社会教育规划课题2020年度 **立项资助** 课题 **县级开放大学承担社区教育领军责任策略研究** 经专家评审，准予结题。

特此发证

课题负责人：宋扣明 徐艳

课题组成员：陈学林 陈琪

课题编号：JSS-C-2020015

江苏省社会教育服务指导中心

二〇二二年十月

荣誉证书
HONORARY CREDENTIAL

宋扣明 同志：

经推荐评比，被评为2022年度盐城市开放系统社会教育先进工作者。

特发此证，以资鼓励。

盐城开放大学

2022年11月25日

荣誉证书
HONORARY CREDENTIAL

射阳开放大学：

在2022年度盐城市开放系统社会教育工作中成绩突出，被评为"综合先进集体"。

特发此证，以资鼓励。

盐城开放大学
2022年11月25日

荣誉证书
HONORARY CREDENTIAL

宋扣明 同志：

您的论文《社区教育在乡村治理中的实践与思考——以盐城市射阳县为例》在盐城市社会教育研究研讨会论文评比中，荣获二等奖。

特发此证，以资鼓励。

盐城开放大学
2022年11月8日

聘 书
LETTER OF APPOINTMENT

 宋扣明 同志：

　　为加强协会的科学研究工作，特聘请您为江苏省成人教育协会专家委员会专家。

江苏省成人教育协会
2022年4月28日

后　记

历时三年,《杏坛育英》终于成书了,这本书收集了我自2019年11月到射阳开放大学任职以来所发表的论文9篇,研究的省级课题4项,相关会议讲话和发言材料33篇,典型经验介绍6篇。

这三年是极不寻常、极不平凡的。新冠肺炎疫情肆虐全球,经济下行压力加大,同样也给教育行业带来挑战和冲击。我校几个学期均有上网课的记录,教学形式的变化导致学生学习成绩两极分化,令部分学生和家长焦虑不安。在这种不利的形势下,需要底气和担当,更需要勇气和智慧。墨守成规只会贻误事业,怨天尤人也于事无补。只有拿出超常规的举措,以"人一之,我十之"的干劲,才能团结带领全校师生在上级党政组织的坚强领导下阔步前行。

受疫情的影响,我在学校值班值守是常态,未曾有完整的寒暑假。在把握疫情防控总体政策的前提下,学校见缝插针、因校制宜开展"走出去、请进来"系列活动,抓实中职教育、开放教育、社会教育和队伍建设。三年的辛勤付出换来了成功的喜悦。中职学生文化知识和专业技能均获得丰收,在县以上竞赛和职教高考中都取得了较好成绩。开放教育办学规模创历史新高,在籍在读人数近3 000人,教学实绩名列全省前列,学士学位获得率在全省取得较高名次,得到上级表扬。社会教育连续三年被江苏省社会教育服务指导中心表彰,获批多个省级基地项目,课题研究实实在在。队伍建设得到提升,两名校班子成员获国家开放大学表彰,多名教师参加县级以上比赛获奖。

成绩的取得离不开上级领导的关心和同事们的支持。这几年,江苏开放大学的多位校领导都曾来我校调研指导,为我们鼓劲加油。盐城开放大学还将全市社区教育现场观摩和省级课题评审会安排在射阳,多次上门辅导优质项目化基地和游学项目申报工作。省成教协会和市县教育主管部门的领导先后深入我校指点迷津、助力发展。最令人感动的是我的一大批同事们,他们都在用实际行动支持学校党政班子的工作,不计报酬,忘我工作,精益求精,确保我校高质量发展行稳致远。

值此本书出版之际,衷心感谢马良生主任的重视和关心,并为本书作序。在本书的整理过程中,校长办的几位工作人员做了大量工作,其中一些观点也是校领导班子和全体教职员工集体智慧的体现,特别感谢河海大学出版社以及齐岩主任的厚爱与支持,在此一并致谢!